hänssler

Elvine de La Tour

Aus Liebe zu Gott und den Kindern

Von

Anna Katterfeld

hänssler-Biographie
Bestell-Nr. 392.953
ISBN 3-7751-2953-7

Überarbeitete Neuauflage des im Quell-Verlag der Evangelischen Gesell-
schaft, Stuttgart, erstmals 1938 erschienenen Titels.
© Copyright 1998 by Hänssler-Verlag, Neuhausen-Stuttgart
Umschlaggestaltung: HKS
Titelfoto: Elvine de La Tour
Satz: Vaihinger Satz + Druck
Druck und Verarbeitung: Ebner Ulm
Printed in Germany

Inhalt

So fing es an

A n den Frühlingsabenden des Jahres 1839 konnte man in den Straßen der Stadt Görz, an dem kleinen Fluss Isonzo, oft einen leichten Wagen beobachten, der, von zwei rassigen Pferden gezogen, in Richtung Triest durch die Straßen sauste. Auf dem Platz des Wagenlenkers saß ein junger flotter Mann, der die Zügel in fester Hand hielt.

»Herr Ritter von Záhony fährt wieder einmal zu seiner Braut«, sagten wohl die Leute, die stehen blieben und dem Gefährt nachschauten. Es mag sein, dass der eine oder andere hinzufügte: »Ja, der hat es gut. Da hat er soeben die großartige Zuckerfabrik und ein riesiges Barvermögen vom Vater geerbt, und nun holt er sich noch die einzige Tochter des wohlhabenden Großkaufmanns Rittmeyer aus Triest.«

Den jungen Mann kümmerten solche Reden wenig, wenn sie ihm je einmal zu Ohren kamen. Zwei Dinge waren es, die sein Leben damals so ausfüllten, dass für anderes kaum noch ein Gedanke übrig blieb.

Da war zuerst die Arbeit. Von seinem Vater hatte er vor wenigen Monaten im Alter von noch nicht einmal dreiundzwanzig Jahren ein gewaltiges Lebenswerk übernommen, das er unter allen Umständen weiterführen wollte. Dem galt sein ganzer Einsatz.

Aber wenn der Abend gekommen war und er die Schlüssel seines Büros und seines Geldschrankes in die Tasche gesteckt und die Tore der Fabrik sich geschlossen hatten, dann dachte er nur noch an seine Braut. Dann brachten ihn seine schnellen Pferde in einigen Stunden nach Triest ins Haus des Fabrikanten Elisäus Rittmeyer, eines nach Triest eingewanderten Schweizers, wo die junge Braut, seine Tochter Amalie, schon sehnsüchtig nach ihrem Bräutigam Ausschau hielt. Dann wurden Pläne für die Zukunft geschmiedet. Sie lag ja wie ein unbegrenztes, sonnenbeschienenes Land vor diesen beiden jungen Menschen, die mit allem überschüttet waren, was die Erde nur irgend bieten konnte.

Es schien, als sollten die Wünsche und Hoffnungen des jungen Paares alle erfüllt werden. Im April des Jahres 1839 zog Amalie Rittmeyer als Frau Ritter von Záhony in das prächtige Haus an der Riva Corno in Görz ein, und zehn Monate später lag bereits ein kleiner Stammhalter in ihren Armen.

Es vergingen nicht einmal zwei Jahre, als es bei dem jungen glücklichen Elternpaar erneut große Freude gab. Am achten Dezember 1841 wurde ein kräftiges kleines Mädchen geboren, das den Namen Elvine erhielt.

Ob es der Vater schon damals ahnte, dass dieses Kind, dem noch zwei Schwestern und zwei Brüder folgten, ihm in besonderer Weise ans Herz wachsen würde, dass es mehr als alle anderen Geschwister seine Gaben geerbt hatte und zu einer hohen Lebensaufgabe berufen sein sollte? Diese Lebensaufgabe war allerdings von ganz anderer Art als die seine ...

Pfarrer und Kaufleute

Es ist ein alter bewährter Familienstamm, an dessen Zweig dieser achte Dezember eine Blüte aufbrechen ließ, welche zu einer kostbaren Frucht ausreifen sollte. Er hat seine Wurzeln in der freien Reichsstadt Frankfurt am Main. Erste Angaben zu der Familie stammen aus der Zeit, als Doktor Martin Luthers Lehre wie ein Sturmwind durch das deutsche Volk brauste, Altes zerbrach und neuem Glauben die Bahn freimachte. Auch Matthias Ritter der Ältere, der Stammvater der Familie in Görz, wurde davon ergriffen. Es heißt in der Familienüberlieferung, dass er den Weg aus dem Kloster in die Freiheit des Evangeliums gefunden hat und freundschaftliche Beziehungen zu Luther gehabt haben soll.

Tatsache ist, dass er kurz vor Luther in den Stand der Ehe getreten ist, dann, wie es heißt, auf Luthers Wunsch an die Hospitalkirche in Frankfurt kam und dort nach gesegneter Wirksamkeit im Jahre 1536 während eines Gottesdienstes auf der Kanzel starb.

Eine überragende Persönlichkeit war sein Sohn, Matthias Ritter »der andere«, der wie sein Vater Pfarrer in Frankfurt war. Er gehört zu den hervorragendsten und ausgeprägtesten Persönlichkeiten der nachlutherischen Zeit. Begeistert hatte er Luthers Lehre aufgenommen und nach dem Tod des Reformators die lateinische Lutherbiographie Melanchthons, »Vita Lutheri«, ins Deutsche übertragen und »andere weitläufftige Historien und Geschichten hinzugesetzt«. Dies Büchlein ist noch heute eine wichtige Quelle für Luthers Leben. Aus der Widmung an die Schwester seines Wohltäters, der ihn nach seines Vaters frühem Tod erzog, »der ersamen und Tugentsamen Frawen, Margarethen von Holtzhausen«, spricht eine tiefe, glaubensstarke, in der

Schrift wurzelnde Frömmigkeit und eine herzliche Verehrung für »den treuen Diener Gottes, Dr. Martin Luther seligen«. Bekannter noch aber war er als streitbarer Kämpfer für die reine Lehre. Mit fester Hand steuerte er das Frankfurter Predigerseminar, allen Versuchen eines fremdartigen Einbruchs zum Trotz, im lutherischen Fahrwasser.

Auch er wurde wie sein Vater ganz plötzlich in die Ewigkeit abberufen, während er sich zur Predigt über das Leiden des Herrn vorbereitete. Von ihm heißt es in der allgemeinen deutschen Biographie: »Er ist ein prächtiger Typus eines strengen Lutheraners, von männlicher Entschiedenheit und Überzeugungstreue, aber dabei ohne Verständnis und Duldung für fremde Überzeugungen, wenn auch noch maßvoller als manche seiner Zeitgenossen.«

Es ist, als sei ein Tropfen des Blutes dieses bedeutendsten der Ritterschen Vorfahren auf das Kind übergegangen, das 1841 im Haus an der Riva Corno in Görz geboren wurde.

Noch viermal war ein Pfarrer des Namens Ritter in Frankfurt im Amt, so dass über sechs Generationen hinweg immer der Sohn vom Vater das Predigtamt übernahm, wenn auch nicht immer an der gleichen Kirche. Und alle haben Großes geleistet.

Ab der Mitte des 18. Jahrhunderts wirkten sich die wertvollen Anlagen dieser hochbegabten Familie in anderer Richtung aus. An Stelle des geistlichen Dienstes trat die praktische Arbeit. Auffallend war auch eine große kaufmännische Begabung. Sie schüttete ihnen – wenn auch nicht ohne ernsthafte Mühe – die Güter dieser Welt in den Schoß, bis in einer Urenkelin des Geschlechts die Gaben nach beiden Richtungen hin, das organisatorische Talent und der Dienst an den Menschen, noch einmal zu voller Entfaltung kamen.

*

Johann Christoph Ritter, ein Urenkel des letzten Pfarrers Ritter, wurde als junger Kaufmann auf der Wanderschaft, die ihn durch viele Länder Europas geführt hatte, schließlich nach Triest verschlagen. Hier erlebte er die Wirren der Napoleonischen Kriege.

Es gelang ihm, eine große Salpeterlieferung nach Österreich zu schaffen. Als die Franzosen nach ihm fahndeten und schon in der Nähe des Seglers waren, auf den er sich zu retten versucht hatte, kam plötzlich ein frischer Wind auf, blähte die Segel und entzog Ritter seinen Verfolgern. So wurde er wunderbar aus schwerster Lebensgefahr gerettet.

Das war der Großvater von Elvine. Der Salpeterverkauf legte den Grund zu seinem großen Vermögen.

Nach Friedensschluss baute er in Görz bei Triest eine Zuckerraffinerie, deren Erzeugnisse halb Österreich versorgten und ein wichtiges Ausfuhrgut wurden.

Die Fabrik warf einen riesigen Gewinn ab. In seinem Palast in Görz wuchsen vierzehn Kinder heran. Sein Haushalt verschlang über hunderttausend Gulden im Jahr.

Das wundert einen nicht, wenn man erfährt, was für Gäste hier beherbergt wurden. Einmal kehrte Kaiser Franz I. mit der Kaiserin, mehreren Kindern und natürlich auch entsprechendem Gefolge für mehrere Tage beim Görzer Großindustriellen ein. Ein andermal beherbergte Ritter über mehrere Monate einen Erzherzog mit seiner ganzen Familie.

Im Jahre 1829 wurde ihm der erbliche ungarische Adel verliehen mit dem Prädikat »von Záhony«, dem Namen eines Gutes in Ungarn, das ihm der Kaiser geschenkt hatte.

Eine Stufe höher noch auf der Leiter der Ehren stieg sein Sohn, der von Kaiser Franz Joseph in den österreichischen Freiherrn- und Ritterstand erhoben wurde.

Dieser Sohn, Julius Hektor, der fünfte in der langen Reihe von vierzehn Kindern, hatte mehr als die andern Geschwister die Gaben seines Vaters geerbt. In seine Hände legte dieser sein Lebenswerk und setzte ihn mit seinem ältesten Bruder zum Alleinerben seines riesigen Vermögens ein, während die anderen Kinder den Pflichtteil von 55 000 Gulden erhielten.

Es waren gewaltige Aufgaben, die auf den Schultern des erst zweiundzwanzigjährigen jungen Mannes lagen. Er löste sie glänzend und baute das Werk des Vaters noch weiter aus. Den Grundstock seines Unternehmens bildete eine erstklassige Weizenmühle, deren Erzeugnisse bis nach Amerika gingen. Eine Papiermühle, ein Kupferwerk, eine Seidenspinnerei und großzügige landwirtschaftliche Unternehmungen kamen noch hinzu, so dass seine Werke bedeutende Größe im Wirtschaftsleben Südösterreichs bildeten.

Dabei sorgte er bestens für seine Arbeiter und wurde wie ein Vater von ihnen geliebt und verehrt. Es gab kaum ein Ehrenamt, zu dem ihn das Vertrauen seiner Mitbürger nicht berufen hätte. Aber auch dem Leben der evangelischen Gemeinde seiner Vaterstadt brachte der Nachkomme des Frankfurter Pfarrergeschlechts großes Interesse entgegen. Er setzte sich für die Gründung einer evangelischen Gemeinde in Görz ein, wurde dort erster Kirchenpfleger und förderte als solcher kräftig den Bau einer evangelischen Kirche, die im Jahr 1864 eingeweiht wurde.

Das ist der Mann, der sich in jenen Frühlingstagen 1839 die Braut aus Triest holte, und der Vater des Kindes, dem ein so großer Lebensauftrag erteilt werden sollte.

Im Elternhaus in Görz

Nun werfen wir einen Blick in die Kindheit dieses kleinen Mädchens. – Kann das Leben eines Menschen unter günstigeren Bedingungen beginnen? Ein Vater, der trotz seiner gewaltigen Arbeitslast ein ausgeglichener freundlicher Mann war und nichts Schöneres kannte als die Stunden, die er im Familienkreis verbringen konnte – eine Mutter, die trotz ihrer hohen gesellschaftlichen Stellung und vieler Gäste Zeit für ihre Kinder hatte und Liebe und Wärme in ihr Leben brachte – ein fröhlicher Kreis von sechs Geschwistern – ein schönes Elternhaus mit weiten, hellen Räumen – Spielraum genug in Hof und Garten und erst recht auf dem großen Gut außerhalb der Stadt – man sollte meinen, eine glücklichere Kindheit könnte es überhaupt nicht geben.

Und doch stand schon das Leid an der Schwelle und schaute mit ernstem Gesicht in dieses Kindheitsparadies und wartete auf den Augenblick, an dem es eintreten und seine dunklen Schatten ausbreiten sollte. –

Es war im Frühjahr 1851. Der Vater hatte eine weite Geschäftsreise nach Paris und London gemacht, und die Mutter hatte ihn begleitet. Sie konnte eine Erholung nach den Jahren, in denen die sechs Kinder schnell aufeinander geboren worden waren, wohl gebrauchen.

Der kleinen Schar war die Zeit ohne die Eltern recht lang geworden, bis man ihnen endlich sagte: Heute kommen die Eltern! In Begleitung der Erzieherin wanderten die größeren Kinder zum Ort Schönpass, wo sie die Postkutsche erwarten wollten. Gespannt horchten sie auf jedes Wagenrollen. Immer noch nicht die Post!

Endlich, endlich kam sie! Der Wagen hielt, die Tür wurde geöffnet. Vater und Mutter stiegen aus und schlossen ihr kleines Volk in die Arme. Der Jubel war unbeschreiblich. Alle durften in den Wagen steigen, um mit den Eltern heimzufahren. Zu Hause wurden die Koffer geöffnet, und allerlei schöne Dinge, die ein Kinderherz erfreuen, kamen zum Vorschein. Vater und Mutter hatten an jedes Kind gedacht, und es herrschte große Freude.

Und doch – bald wandelte sie sich in bitteres Leid! Die Mutter erkrankte schwer am »Nervenfieber«, wie man damals jede unbestimmte Krankheit nannte. Die Ärzte waren ratlos. Alles Menschenmögliche wurde getan, um das kostbare Leben zu erhalten, aber nichts half.

Am zwanzigsten September mussten Herr von Ritter und seine Kinder, von denen der kleinste Junge noch kein Jahr alt war, von der lieben Mutter Abschied nehmen.

Der Vater war wie gebrochen. Auch die Kinder ahnten, dass etwas Dunkles und Schweres in ihr Leben getreten war.

Wie die neunjährige Elvine es getragen hat, wissen wir nicht. Voll erfassen konnte sie damals wohl noch nicht, was sie verloren hatte. Ein Kinderleben ohne Mutter! Wer kann die Tiefe des Schmerzes ermessen? Kann irgendein Mensch auf Erden, können noch so glänzende äußere Verhältnisse den Kindern auch nur annähernd das ersetzen, was ihnen mit der Mutterliebe genommen wurde?

Ob nicht vielleicht eine gewisse Herbheit im Wesen der späteren Gräfin de La Tour darin seine Wurzel hat, dass das begabte temperamentvolle Mädchen ohne den ausgleichenden Einfluss der Mutterliebe hatte aufwachsen müssen? ...

Eine Tante der Mutter, Amalie von Naeff, kam ins Haus, eine Stiefschwester der Großmutter Rittmeyer.

Sie tat, was in ihren Kräften stand, hielt Haus und Kinder in guter Ordnung und wirkte durch eine strenge Erziehung dem verwöhnenden Einfluss des Reichtums entgegen. Die Kinder verdankten ihr viel und bewahrten ihr eine herzliche Verehrung, aber die Mutter konnte sie nicht ersetzen!

Auch die Großmutter Rittmeyer kehrte kräftig im verwaisten Haus ihrer einzigen geliebten Tochter ein. Der Besuch der Großmutter bedeutete immer große Freude für die Kinder. Sie war eine Frau von tiefer, echter Frömmigkeit, und vor allem auf die besinnliche Elvine hatte sie einen großen Einfluss. Im Gespräch mit der Großmutter erwachte in ihr wohl das Fragen nach dem eigentlichen Sinn des Lebens. Durch sie wurde der Boden ihres Herzens vorbereitet.

Die hochbegabte Elvine begegnete dem Leben mit offenen Augen, und so erwachte schon früh so manches in ihr, was sie beunruhigte. Bilder der Armut traten in ihr Leben und das soziale Gewissen begann zu reden. Die glänzenden Verhältnisse, in denen sie selbst aufwuchs, wurden ihr zur inneren Not. Es mag sein, dass sich in ihr das Blut der Frankfurter Vorfahren regte, deren Lebensauftrag es gewesen war, die Botschaft vom barmherzigen Herrn zu verkündigen, der die Mühseligen und Beladenen zu sich ruft. Und so geriet sie in Konflikt mit der Lebenshaltung im Haus des Großindustriellen. Da nützte auch der Hinweis, dass der Vater eine offene Hand für andere hatte, nicht viel. Dieses Geben war noch kein gerechter Ausgleich, kein wirkliches Opfer.

Dieser Gegensatz von Reich und Arm machte dem Mädchen, das keine Lösung der Spannung fand, große Not. Ja, es war ein dumpfer Unterton in diesem sich unter so günstigen äußeren Umständen entfaltenden Lebens. Wie groß ihre Not war, können wir daraus schließen, dass sie in späteren Jahren immer wieder darauf zurückkam und oft erzählte, wie ihr oft aus innerer Traurigkeit über die ungerechte Verteilung der irdischen Güter Todesgedanken gekommen waren. Auch sah sie selbst in dieser inneren Not eine der Wurzeln ihres späteren Wirkens.

Aber es war nicht die einzige. Etwas anderes trat ein, was ihrem Leben eine klare Richtung gab und allmählich auch die schwere innere Spannung löste.

Schon in ihrer Jugend wurde sie vor ernste Lebensentscheidungen gestellt. Auch die Gespräche mit ihrer Großmutter und der Kontakt zu *Pfarrer Ludwig Schwarz*, der damals das Pfarramt in Görz bekleidete, prägten sie sehr. In einem von ihr selbst verfassten Bericht gibt sie einen Zeitpunkt an, »da ich noch in jugendlichem Alter im Blute Jesu Christi Vergebung der Sünden und Kraft zu einem Glaubensleben erlangte.«

Trotz der Hilfe, die sie durch den Glauben an Jesus Christus

erfuhr, ging es für sie doch noch durch manche inneren Kämpfe. Darüber berichtete sie: »*Es verging eine Reihe von Jahren, ehe ich die Liebe zur Welt, die mir so viel Verlockendes bot und dann doch nur Enttäuschungen brachte, und das eigene Ich ... nach schweren Führungen und Wegen als überwunden zu Jesu Füßen niederlegen konnte. Da sind viele Tränen in der Einsamkeit geflossen, aber der Herr blieb Sieger. Ihm sei Lob und Dank dafür gesagt in Ewigkeit.*«
Dann trat der Dienst an den Kindern immer mehr in ihren Gesichtskreis. Über ein besonderes Erlebnis – ihre Berufung in diesen Dienst – erzählte sie Folgendes: »*Als ich einstmals den ergreifenden Worten Jesu an seinen Jünger Petrus (Joh 21, 15) gegenüberstand: ›Simon, Sohn des Johannes, hast du mich lieber als mich diese haben?‹, und ich die Antwort des Petrus erwog: ›Ja, Herr, du weißt, dass ich dich lieb habe‹, und darauf den Auftrag Jesu vernahm: ›Weide meine Lämmer.‹, da dachte ich: Auch ich liebe den Heiland und möchte seine Lämmer weiden.*«

*

Nach außen hin verlief Elvine Ritters Leben wohl kaum viel anders als das Leben manches wohlhabenden jungen Mädchens in jener Zeit. Die hervorragende Stellung des Vaters brachte viele gesellschaftliche Verpflichtungen mit sich. Gäste gingen ein und aus. Zu Festlichkeiten sollen oft bis vierundzwanzig Kutschen vorgefahren sein, wie ein Bruder in der Familienchronik berichtet. Als älteste Tochter des Hauses musste das junge Mädchen sicher bald repräsentative Pflichten übernehmen. Ihr späteres hoheitsvolles Auftreten, das wohl allen, die ihr begegneten, Eindruck machte, ist aus dieser Stellung als ältester Tochter des freiherrlich Ritterschen Hauses erwachsen.

Die Familie fuhr häufig nach Monastero, dem großen Gut, das der Vater kurz nach Elvines Geburt erworben hatte. Das Gutshaus war aus einem einstigen, fast tausend Jahre alten Frauenkloster umgebaut worden, das sich auf den Trümmern der alten Kaiserstadt Aquileja erhob. Durch interessante Ausgrabungen wurde mancher Zeuge der Vergangenheit aus der Erde hervorgeholt.

Das Hauptvergnügen der Kinder im Hause Ritter war das Reiten und Fahren. Freiherr von Ritter war ein großer Pferdeliebhaber und vorzüglicher Reiter. Prächtige Reit- und Rennpferde standen in den Ställen. Da konnten die jungen Leute nach Herzenslust das Reiten üben. Vor allem Elvine meisterte jedes noch so wilde Pferd und brachte es im Reitsport zur Vollkommenheit. Groß und schlank gewachsen, machte sie auf dem Pferd in der eng anliegenden Reiterkleidung einen vorzüglichen Eindruck. Noch in späteren Jahren saß sie gern und oft im Sattel. Aber nicht nur den Pferden galt ihre Liebe, es zog sie zu allem Lebendigen. Sie war eine große Tierfreundin, die an allem Freude hatte, was sich in Hof und Stall tummelte, krähte, gackerte, schnatterte, grunzte, blökte und bellte.

Ein tief in ihr Leben eingreifender Schmerz war der Tod ihres ältesten Bruders. Er hatte wie sein Vater schon sehr früh geheiratet und die Verwaltung des Gutes Monastero übernommen.

Es war der härteste Schlag, der Herrn von Ritter treffen konnte. Wieviel Hoffnungen hatte er gerade auf diesen Sohn gesetzt! Und nun war alles zerbrochen! Zum zweiten Mal musste er, wie schon nach dem Tod seiner Frau, durch tiefe Dunkelheiten gehen. Aber jetzt hatte er seine älteste Tochter zur Seite, und diese hatte es bereits gelernt, den Blick über das Dunkel der Zeit in die Ewigkeit zu richten. Sie half ihm, diese Blickrichtung ebenfalls einzunehmen, bis sein verwundetes Herz geheilt war und er Gottes Hand auch im Leid spüren konnte.

Zur persönlichen Not kam im Jahr 1866 die Not des österreichischen Vaterlandes. An zwei Fronten hatte Österreich zu kämpfen. Der Sieg über Italien bei Kustoza wog die Niederlage gegen Preußen nicht auf.

Görz lag nicht fern vom italienischen Kriegsschauplatz. Eisenbahnzug um Eisenbahnzug mit Verwundeten rollte nach Norden. Die Familie Ritter stand in der vordersten Reihe der Helfer und speiste und versorgte Tausende von Verwundeten. In den Räumen der stillgelegten Zuckerraffinerie richteten sie ein eigenes Kriegslazarett ein.

Wir können uns vorstellen, wie Elvine Ritter als Pflegerin und Trösterin dort in ihrem Element war.

Graf de La Tour zur Zeit der silbernen Hochzeit

Ein neues Blatt
im Lebensbuch

Elvine Ritter war gerade 27 Jahre alt geworden, als ein neues Blatt in ihrem Lebensbuch aufgeschlagen wurde. – Vor zwei Jahren hatte eine ihrer jüngeren Schwestern geheiratet, und es war nur natürlich, dass auch sie als Tochter eines reichen Vaters einige Heiratsanträge bekam. Ein paar Mal bereits hatte sie es abgelehnt. Es hatte wohl das Ja des Herzens gefehlt, um den Schritt zu wagen. Auch die Überzeugung, dass der Vater sie noch brauche und es ihre Aufgabe sei, ihm nach den schweren Schicksalsschlägen zur Seite zu stehen, mag mitgesprochen haben.

Aber dann kam eine überraschende Wende, die niemand erwartet hatte.

Seit einiger Zeit war häufig im Ritterschen Hause der junge Graf Theodor de La Tour en Voivre, ein Freund ihrer Brüder, zu Gast gewesen. Der junge gut aussehende Mann war ein ausgezeichneter Gesellschafter und brachte viel Leben mit. Die Jugendlichen unternahmen öfter etwas zusammen. Dabei erregte Elvine als kühne Reiterin, deren königliche Haltung auf dem Pferd besonders auffiel, die Aufmerksamkeit des jungen Grafen. Elvine selbst war ihm freundschaftlich wie einem jüngeren Bruder zugetan, ohne weitere Gedanken zu haben.

Daher war sie völlig überrascht, als sie merkte, dass er sich für sie interessierte.

Als er ihr dann einen Heiratsantrag machte, lehnte sie ab.

Aber Graf de La Tour en Voivre ließ sich nicht abweisen. Ihr Widerstand reizte ihn eher noch mehr. Ja, er erklärte sogar, er werde sich das Leben nehmen, wenn sie ihn nicht heiraten werde.

Das erschreckte sie, und sie entschloss sich, ihm ihr Jawort zu geben. Fast schien es, als wäre seine heiße Werbung nicht ohne Echo in ihrem Herzen geblieben. Jedenfalls hatte sie, nachdem das Jawort einmal gegeben war, allen Warnungen und Widerständen zum Trotz unbeirrbar an der Verbindung zu ihrem Verlobten festgehalten.

Und Warnungen und Widerstände kamen von allen Seiten. Auch der weitblickende Vater hatte schwere Bedenken. Dass der zukünftige Schwiegersohn kein eigenes Vermögen hatte und auch keine feste Lebensstellung, war in seinen Augen noch nicht einmal das Ausschlaggebende. Er selbst war reich genug, um seine Tochter bei ihrer Verheiratung fürstlich zu versorgen, und in seinen großen industriellen und wirtschaftlichen Betrieben hatte er eine Fülle von Aufgaben für Söhne und Schwiegersöhne. Aber er erkannte, dass die Charaktere der beiden jungen Leute zu verschieden waren, um die Gewähr für eine glückliche Ehe zu geben. Würde seine ernste, willensstarke, von unermüdlichem Tatendrang beseelte Tochter mit der viel weicheren, leichteren und weltoffenen Art ihres Gatten zurechtkommen?

Vor allem aber die Großmutter war bekümmert. Es schmerzte sie, dass die geliebte Enkeltochter einen katholischen Lebensgefährten gewählt hatte. Sie warnte ernstlich und erinnerte an die tiefe Not, die eine Ehe mit sich bringen konnte, wenn die beiden Partner sich nicht wirklich im Glauben einig waren.

Aber die Enkelin war siegesgewiss. Sie war überzeugt, dass Gott ihr eine heilige Aufgabe an ihrem Verlobten gegeben habe, und dass ihr Glaube die Kraft haben werde, auch in ihm Glauben zu wecken.

Gott nahm sie beim Wort. Er ließ sie die Lebensaufgabe lösen. Ob sie aber auch Mut gehabt hätte, den Schritt zu wagen, wenn sie vorausgeahnt hätte, wie lang die Wartezeit werden würde, und durch welche Kämpfe und Dunkelheiten sie würde gehen müssen?

Doch auch für die Mutter des Grafen war die Verlobung ein harter Schlag. Die verwitwete Gräfin de La Tour war überzeugte Katholikin und Leiterin eines katholischen Frauenvereins in Graz. Dieser Verein hatte sich zur Aufgabe gemacht, dafür zu sorgen, dass keines der Kinder seines Kreises eine Verbindung zu einem evangelischen Partner eingehe.

Und nun heiratete ausgerechnet ihr Sohn eine Evangelische und ließ sich auch noch dazu evangelisch trauen! Damit war er für die katholische Kirche verloren!

Am 15. Februar 1868 wurde Elvine Ritter von Záhony mit dem Grafen de La Tour in der evangelischen Kirche zu Görz getraut, und zwar von Pfarrer Ludwig Schwarz. Derselbe Mann, der einen so tiefen Einfluss auf das junge Mädchenherz gehabt hatte, segnete nun auch ihren Lebensbund ein. Sie blieb ihm und seiner Frau, einer Schweizerin wie Elvines Mutter, ihr Leben lang in herzlicher Freundschaft verbunden.

Es war keine frohe Hochzeit, die damals gefeiert wurde. Manche der Festteilnehmer ahnten Schatten, die auf dieser Ehe liegen würden, und viele Tränen flossen.

Die ahnenden Gemüter behielten Recht, die Schatten kamen. Es fehlte in der damals geschlossenen Ehe neben glücklichen Zeiten nicht an heißen Kämpfen und an tiefer innerer Not. Und dennoch war gerade diese Ehe wie wenig andere ein Beweis von der sieghaften Kraft des Glaubens, der sich sein Ziel nicht verrücken lässt und der fest bleibt in fürbittendem Hoffen und Warten auf Gottes Stunde.

Wenn wir auf das Lebenswerk von Elvine Ritter, jetzt Gräfin de La Tour, blicken, so hatte sie an ihrem Mann einen verständnisvollen Helfer. Wenn sie den Dienst am Nächsten auch aus verschiedenen Blickpunkten sahen – er mehr die soziale Aufgabe, sie den Liebesdienst an Christus –, so legte er ihr doch nie etwas in den Weg. Vielmehr stellte er sich in den verschiedensten schwierigen Lagen immer hinter sie und war auch zu persönlichen Opfern bereit, die die Wirksamkeit seiner Frau von ihm forderte.

Verschiedene Anfänge

Die erste schöne Aufgabe des jungen Paares war, sich ein Heim zu bauen.

In großzügiger Weise hatte der Vater ein wunderbares Fleckchen Erde für seine geliebte Tochter ausersehen. Es war das Weingut Russiz, nicht fern von der damaligen italienischen Grenze, das er ihr zur Hochzeit schenkte.

Das Gut hatte noch kein eigentliches Wohnhaus. Das sollte das junge Paar sich erst selbst bauen. So richteten sie sich vorläufig im benachbarten Ort Cormons ein, von wo aus sie den Bau überwachen konnten. Täglich fuhren sie mit der Kutsche oder ritten sie hinaus nach Russiz, täglich erlebten sie neue Freude am Wachsen des schönen Hauses.

Und dann kam auch nach nicht allzu langer Zeit der Tag, an dem sie in die schöne Villa im venezianischen Stil am Abhang der Weinberge einziehen konnten.

Das junge Ehepaar war sicher voller Glück, als es zum ersten Mal Hand in Hand vor dem Portal der Villa stand, den Blick auf die herrliche Gegend richtete und sich sagte: »Das ist nun unser Heim!«

War's nicht, als sei hier ein Stück Paradies auf Erden? Schaute man nach Norden über das liebliche Görzer Hügelland, so grüßten hinter den sonnengebadeten Weinbergen, den Lorbeer- und Zypressenhainen die schneegekrönten Gipfel der Julischen Alpen. Sah man nach Süden über die Weinberge hinunter, so weitete sich die lachende Ebene bis hin zur fernen Adria. Ja, gegen Abend, wenn die Sonne am Horizont niederging, dann leuchtete es zuweilen in der Ferne auf wie schimmerndes Gold – der Widerschein der Sonne, die sich in die Fluten des Meeres tauchte, »dem sanften Abklingen einer gewaltigen Melodie vergleichbar«, wie ein Sohn jener Gegend schrieb.

Es war kein Wunder, dass dieses herrliche Russiz der Gräfin ans Herz wuchs und entscheidend für ihr Leben wurde. Hier erlebte sie viel Glück und noch mehr Leid. Hier begann sie ihr Werk, das aus kleinsten Anfängen schließlich zu einem Baum werden sollte, unter dessen Zweigen ganze Scharen von hilfsbedürftigen Kindern und Alten Zuflucht fanden, zum Werk, das eine Leuchte des Evangeliums mitten im katholischen Land war.

*

Das Paar war in Russiz eingezogen, und mit Feuereifer ging der Graf an die neuen landwirtschaftlichen Aufgaben. Er war ein sehr tüchtiger Landwirt.

Besonders pflegte er den Weinbau, führte bessere Rebsorten ein und legte auf dem äußerst günstigen Gelände neue Weinberge an.

Dem Schwiegervater entging die tüchtige landwirtschaftliche Leistung nicht. Die beiden Männer kamen sich immer näher. Herr von Ritter schenkte dem Schwiegersohn volles Vertrauen und übertrug ihm schließlich die Bewirtschaftung seines großen Gutes Monastero, wo sich seine Leistungen auch bewährten.

Die junge Gutsfrau sah viele Aufgaben, aber leider blieb ihr die schönste Aufgabe, Mutter zu sein, versagt. Das war für beide Eheleute eine schwere Enttäuschung, besonders auch deshalb, weil Gott Elvine eine besondere Liebe zu Kindern ins Herz gelegt hatte. In der Kinderlosigkeit wurzeln auch viele Schwierigkeiten dieser Ehe ... und doch sehen wir in diesem Versagen Gottes Hand, denn aus dem Schmerz des Entbehrens eigener Kinder erwachte die Liebe zu fremden. Ihnen öffnete Elvine in hilfsbereiter Mütterlichkeit ihr Herz und bereitete ihnen ein Zuhause, in dem sie nicht nur äußerlich versorgt wurden, sondern auch einen lebendigen Eindruck der Liebe Jesu bekamen.

Die Gräfin de La Tour war die einzige evangelische Christin weit umher in rein katholischer Umgebung, sie und ihr Mann die einzigen Deutschen unter lauter Italienern oder richtigen

Friulanern.* So war es gewissermaßen ein Missionsposten, auf dem sie stand.

Russiz gehörte zu dem Dorf Capriva. Wie die kleinen Wilden wuchsen hier die Mädchen ohne jeden Unterricht auf. Nur die Jungen wurden notdürftig vom Dorfpriester in Religion und den Anfängen des Lesens und Schreibens unterrichtet. Dieser Not nahm sich die junge Gutsfrau an. Sie sammelte die Mädchen und unterrichtete sie in italienischer Sprache, die sie fließend beherrschte. Zugleich suchte ihr Mann bei der Regierung darauf hinzuwirken, dass eine Schule eingerichtet wurde. Seine Stellung als Bürgermeister des Dorfes, die er jahrelang innehatte, kam ihm dabei zugute. Die Schule wurde bewilligt und ein Schulhaus gebaut. Aber der Blick der Gräfin ging noch weiter. Eine neue Aufgabe wartete auf sie. Sie erzählte darüber:

»Ich sah Scharen verarmter, verwahrloster Kinder das Land bettelnd durchstreifen und auch an meine Tür klopfen. Da reifte der Entschluss in mir heran, ihnen eine Zufluchtsstätte zu bieten, fest überzeugt, dass der Heiland mir damit seine Lämmer, die ich weiden sollte, zuweise. Vor allem dachte ich dabei an die Versorgung hilfsbedürftiger Mädchen. Zur Verwirklichung dieses Planes gründete ich in dem nahegelegenen Görz, meiner Vaterstadt, einen Verein, dem sich jede Persönlichkeit, die der Sache Teilnahme entgegenbrachte, anschließen konnte. Mit den teilweise reichlichen Beiträgen mietete ich eine Wohnung, in welcher die Mädchen aufgenommen und einer lieben Hausmutter aus der Schweiz anvertraut wurden.«

Das war im Jahr 1873. Doch bald zeigten sich ernste Meinungsverschiedenheiten. Elvine de La Tour sah es schon damals als das Hauptziel der Erziehung an, die Kinder unter die segnenden Hände Gottes zu stellen und die Liebe zu Jesus in ihren Herzen zu wecken. Den anderen Damen des Vereins ging es um rein soziale Hilfeleistungen, umso mehr, als die Kinder unabhängig

---

* Die Friulaner sind Nachkommen jener Germanen, die unter Odoaker und später unter den Goten ein Reich in Italien gegründet hatten. Karl der Große errichtete unter Führung bajuvarischer Adelsfamilien die Markgrafschaft Friaul. Dante benutzte viele Worte, die aus dem Friaulischen stammen.

von der Konfession aufgenommen wurden. So lehnten die meisten der Mitglieder jede christliche Beeinflussung ab.

Bei dieser grundlegend verschiedenen Auffassung von Erziehung war ein ersprießliches Zusammenarbeiten unmöglich. *»Aus Gewissensgründen war ich schweren Herzens gezwungen, einen anderen Weg einzuschlagen«*, schrieb die Gräfin. *»Besonders hatten mich die Stellen in Jeremia 17, 5–8 und 2. Korinther 6, 14 dazu bestimmt. Der Verein wurde daraufhin aufgelöst.«* Aber was sollte mit den Kindern geschehen, für die sie sich verantwortlich wusste? Die Antwort auf diese Frage kostete schwere Kämpfe.

Ihr Plan war fertig. Die Kinder sollten nach Russiz. Aber sie erkannte deutlich die Schwierigkeiten, die sich der Verwirklichung dieses Planes entgegenstellten. Sie sah, welche Opfer es für sie bedeutete, ja dass es eine Wende auf ihrem Lebensweg wäre. Dann besprach sie die Sache mit ihrem Mann, und der war gern zu dem Opfer bereit, die Kinder mit der Hausmutter nach Russiz zu nehmen.

Dann ging es schnell ans Werk: Unter dem Dach wurden ein Schlafsaal für die Mädchen und ein kleines Zimmer für die Hausmutter eingerichtet. Unten befand sich ein Raum als Wohn- und Arbeitszimmer für die Kinder, und eine kleine Küche wurde davon abgeteilt. Schon konnten die Kinder einziehen!

Wieder einmal zeigte es sich, dass alles gottgewollte Leben auch aus dem kleinsten Samenkorn entsprosst.

»Die erstgeborene Tochter«

Meine *liebe erstgeborene Tochter«*, so nannte die Gräfin hin und wieder die Mädchenerziehungsanstalt in Russiz. Auch in späteren Jahren, als ihr Werk schon wunderbar gewachsen und ein Zweig nach dem andern hinzugekommen war, stand dieses Haus, »*das Kind ihrer ersten Liebe«*, doch immer ihrem Herzen am nächsten.

Menschlich gesehen konnte die Vorhersage für die weitere Entwicklung dieses »Kindes« kaum günstig ausfallen. Als es ins Leben trat, fehlte ihm eigentlich alles Notwendige zu einer gesunden Entwicklung. Es gab wenig Platz, es gab kein Geld. Denn wenn auch der Lebensunterhalt der Gräfin reichlich war, so war sie doch ganz von ihrem Vater abhängig. Auch hatte es keinen Wurzelboden in der umwohnenden Bevölkerung, denn es lebte mitten in einer stockkatholischen Umgebung. Es hatte eigentlich nichts als die Liebe, den Opfermut und den Glauben seiner Mutter. Das war das Kapital, von dem es leben musste. Aber so wenig dies auch scheinen mochte, es war doch sehr viel. Denn dem Glauben, der in der Liebe tätig ist, gehören noch immer die Verheißungen Gottes. Wo Gott sein Ja gesprochen hat, wie sollte da das Nein der äußeren Verhältnisse ein Hemmnis sein! –

So wuchs denn auch dieses erstgeborene Kind und gedieh zur Freude seiner Mutter und zum Segen vieler.

Die Zahl der Internatskinder wuchs. Bald waren es zwölf, dann achtzehn Kinder, die den Dachboden des Schlosses bevölkerten. Über den Köpfen des Ehepaares ertönte immer lauter das Geklapper der schweren Holzschuhe, auf denen die kleinen Bewohner des Obergeschosses sich bewegten.

Auch die Zahl der Helfer wuchs. Außer der Hausmutter Barbara Bachofen wirkten verschiedene freiwillige Hilfskräfte mit.

Eine Lehrerin aus Innsbruck übernahm für einige Monate den Unterricht, eine Kindergärtnerin aus Triest opferte ihre Ferien, um der Gräfin in der Arbeit an den Kleinkindern zur Seite zu stehen. Auch ein Stadtmissionar aus Görz, Herr Reinmuth, kam mehrmals in der Woche nach Russiz, um die Kinder zu unterrichten.

Ehe sich aber eine ständige Lehrkraft fand, lag ein großer Teil der Arbeit auf der Gräfin selbst. Jahrelang erteilte sie den Italienischunterricht und versuchte dabei, auch erzieherisch auf die Kinder einzuwirken. In einem Bericht aus dieser Zeit schreibt sie: *»Noch sehr unerfahren im Erziehungsfache, und doch mehr und mehr durchdrungen von der hohen, wichtigen Aufgabe, welche wir übernommen, sahen wir uns oft vor Schwierigkeiten gestellt, welche uns die eigene Schwäche tief empfinden ließen. Aber mit dankerfülltem Herzen darf ich bekennen, dass der Herr uns Tag für Tag, und in allen schwierigen Fällen besonders, Weisheit und Beistand geschenkt.«*

Von Anfang an fasste sie eine weitere Ausdehnung der Arbeit fest ins Auge. Das Warten darauf fiel ihr nicht leicht. Im Blick auf die Not, die sie umgab, klang in ihren Veröffentlichungen über diese ersten Anfänge ihrer Arbeit etwas von Vater Bodelschwinghs Mahnruf durch: *»Nicht so langsam, sie sterben darüber.«*

So schrieb sie im zweiten Jahresbericht: *»Möge dies bald geschehen, (dass die Anstalt erweitert werden kann) und wir die große Freude haben, noch manchem armen verlassenen Schäflein hier eine Heimat bieten zu können. Es gibt ja deren auch hier so viele, so viele arme Kinder, die aus Mangel an Pflege elend und siech aufwachsen und einen frühen Tod finden, die der Hefe des Volkes entsprossen, ohne Bildung und ohne Kenntnis ihrer göttlichen Bestimmung heranwachsen, und vom zartesten Kindesalter an dem verderblichsten Beispiel und allen Verführungen zur Sünde preisgegeben sind.*

Kostbare Steine, das Ebenbild Gottes, sehen wir in den Kot getreten. Da sollte uns wahrlich die Mühe nicht reuen, uns danach zu bücken, ja sie sorgsam aufzusuchen, sie zu reinigen, zu behandeln, auf dass sie immer schöner und klarer glänzen und leuchten mögen zur

Ehre und Freude dessen, der der rechte Retter ist aus dem Verderben und der Macht der Sünde.«

Im Blick auf die große Aufgabe an den gefährdeten Kindern ihrer Heimat, in die sie sich gestellt sah, war es ihr ein wichtiges Anliegen, gute Mitarbeiter zu gewinnen. Gerade auf diesem Gebiet durfte sie Gottes Leitung in ganz besonderer Weise erfahren.

Neben den schon genannten Hilfskräften wurden ihr zwei weitere treue Mitarbeiter geschenkt, die geistlich und hinsichtlich der Erziehungsziele völlig mit ihr übereinstimmten. Sie standen ihr zur Seite, solange sie ihren Dienst in Russiz überhaupt tat.

Der Erste war der junge Lehrer Jakob Lohmann, der seine Ausbildung an der Lehrerbildungsanstalt in Beuggen am Rhein absolviert hatte. Am 4. Mai 1878 traf er zur allgemeinen Freude in Russiz ein. Im Dorf Capriva fand sich eine Wohnung für ihn, und seine Schwester führte ihm bis zu seiner Heirat den Haushalt. Mit seinem Eintritt konnte der regelmäßige Schulbetrieb aufgenommen werden, an dem auch auswärtige Kinder teilnahmen. Damit war in Österreich die erste evangelische Volksschule gegründet worden.

Von ebenso großer Bedeutung für das Internat war die Berufung von Fräulein Anna Heber im November 1878. Damit war eine leitende Persönlichkeit gewonnen, die sich mit ausgesprochenem Erziehungstalent und großer Liebe zu ihrem Herrn und den ihr anvertrauten Kindern einbrachte. Mit sicherer Hand hat sie das Werk durch mancherlei Klippen und Stromschnellen hindurchgesteuert.

Anna Heber war Berlinerin und in Kaiserswerth zur Diakonisse ausgebildet worden. Eine eigenartige Begebenheit hatte schon in ihrer Kindheit Beziehungen zu den Kaiserswerther Schwestern geknüpft. Das kleine Mädchen, das sehr gern mit Puppen spielte, hatte großen Kummer, als der Kopf ihrer Lieblingspuppe zerbrach. Einen Ersatz wollte ihre Mutter nicht anschaffen, und so war das Herz der kleinen Puppenmutter tief betrübt. Da hatte sie eine Idee: Sicher würde eine der königlichen Prinzessinnen so gut sein und ihr eine Puppe schenken. Sie schaute sich die Bilder der königlichen Familie an, die im Wohnzimmer ihrer Eltern hingen. Das größte Vertrauen fasste sie zu Prinzessin Friedrich Karl. Kurz entschlossen setzte sie sich hin und schrieb einen Brief folgenden Inhalts:

»Liebe Anna Marie Prinzessin Friedrich Karl von Preußen!

Da meine Eltern nicht so wohlhabend sind, mir eine Puppe zu schenken, wie ich sie gern haben möchte, bitte ich, dass Sie mir eine schenken; ungefähr eine Elle hoch, niedlich geputzt und schön frisiert. Um die Puppe nicht zu vergessen, grüßt herzlich Ihr Landeskind Anna Heber.« Diesen Brief schickte sie an: S. Majestät der Frau Prinzessin Friedrich Karl von Preußen, wohnhaft Unter den Linden.

Der Brief hatte wirklich den erhofften Erfolg. Nach eingehenden Erkundigungen durch einen Hofbeamten, die die kleine Briefschreiberin mit dem Gefühl einer ertappten Sünderin über sich ergehen lassen musste, kam die ersehnte Puppe wirklich an – zum unbeschreiblichen Entzücken der kleinen Puppenmutter. Sie war viel schöner, als sie es in den kühnsten Träumen zu hoffen gewagt hatte.

Die Puppengeschichte war bekannt geworden und sogar in die Zeitung gekommen. Die kleine Anna Heber war eine Art Berühmtheit geworden. Besonders in der Schule wurde sie damit geneckt. Da nahm die Mutter sie kurz entschlossen aus der Schule und gab sie in die Mädchenschule der Kaiserswerther Schwestern in Berlin. Dort erwachte in ihr der Wunsch, Diakonisse zu werden. Mit einundzwanzig Jahren trat sie in Kaiserswerth ein. Leider zeigte sich, dass sie zu zart dafür war, und so musste sie nach einigen Jahren wieder vom Diakonissen-Mutterhaus ausscheiden.

Dann traf eines Tages ein Brief vom damaligen Vorsitzenden des Diakonissenhauses Kaiserswerth, Pastor Disselhoff, bei ihr ein. Er schrieb: *»Ich habe Sie der Frau Gräfin de La Tour für ihre Mädchenanstalt empfohlen. Da es eine Missionsarbeit ist, wird es Ihnen Freude machen, in dieselbe einzutreten.«*

»Diese Voraussetzung hat sich tatsächlich erfüllt«, sagte Anna Heber in einem Jahresbericht aus späterer Zeit. *»Die Arbeit macht mir Freude bis auf den heutigen Tag; selbst die unangenehmsten Erfahrungen, Enttäuschungen und Widerwärtigkeiten konnten diesel-*

be nicht dämpfen. – Von Anfang an schloss ich die Kinder ohne Un-
terschied in mein Herz und mein Gebet ein.«

*

Was dieses Wort der treuen Lehrerin bedeutet, versteht man erst
richtig, wenn man sich die bunt zusammengewürfelte Gesellschaft ansieht, die sich in dem Internat zusammengefunden hatte. Da waren deutsche, slowenische, italienische Mädchen, da
waren evangelische und katholische Kinder. Und es gab auch in
sozialer Hinsicht große Unterschiede. Da gab es Kinder, die aus
größter Armut und Verwahrlosung, ja oft genug aus einem un-
sittlichen Sumpf herausgezogen worden waren. Es gab Waisen
aus geordneten Verhältnissen und es gab auch Kinder aus gebil-
deten Familien, die aus verschiedenen Gründen zu Hause keine
rechte Erziehung erhalten konnten. Und unter den Mädchen
waren immer auch einige Jungen, die ebenfalls Hilfe brauchten;
die Gräfin wollte auch diese nicht abweisen.

Diese ganze bunte Schar sollte zu einer Familie zusammen-
wachsen, sollte in einem Geiste erzogen werden. Jedes Kind be-
anspruchte seinen Platz im Herzen der Erzieherinnen und sein
bisschen Sonne in seinem bisher so dunklen Leben! –

Da konnte nur eines Bindeglied sein: Nur wenn die Kinder alle Schäflein in der Herde des guten Hirten wurden, die durch die
Liebe zu ihm auch in der Liebe zueinander verbunden waren,
konnte es Einmütigkeit in dieser so bunt gemischten Gruppe
geben. Nur dann könnte man nach beendeter Ausbildung die
Kinder getrost wieder ins Leben mit all seinen Versuchungen
entlassen.

Auf dieses Ziel hin arbeiteten die Gräfin und ihre Mitarbeiter
mit voller Überzeugung. Soviel sie irgend konnte, nahm sie
selbst am Internatsleben teil. In den ersten Jahren hielt sie regelmäßig die Morgenandacht. Ihr Tag war aufs genaueste eingeteilt:
Schon um halb sieben Uhr saß sie mit ihrem Mann am Früh-
stückstisch und las mit ihm aus den Losungen der Brüdergemeine. Dann ging sie um halb acht Uhr zu den Kindern, die bereits
im Schulzimmer versammelt waren, und hielt die Morgenan-

dacht. Ein Lied wurde gesungen, wobei sie den Gesang auf dem Harmonium begleitete. Dann sprach sie frei über einen Bibeltext, nahm auf das Leben der Kinder Bezug und stellte Fragen, um die Kinder zur Teilnahme anzuregen. Der weitere Vormittag gehörte dann ihrem Haushalt und ihrer so großen Korrespondenz. Nachmittags unternahm sie mit ihrem Mann häufig einen Spazierritt. War er nicht daheim – um der Bewirtschaftung des Gutes Monastero willen musste er häufig abwesend sein –, ging die Gräfin nach dem Abendessen noch einmal in das Internat hinüber. Dann las sie den größeren Mädchen etwas vor, erzählte von den Tagesereignissen und schloss mit einem Psalm und einem kurzen Gebet. Natürlich gehörten solche Abende zu den mit Freuden begrüßten Höhepunkten im Leben der Kinder.

In der ersten Zeit, als es noch keine fest angestellten Lehrkräfte im Internat gab, erteilte die Gräfin selbst den Unterricht im Italienischen, das Pflichtfach in dem Gebiet mit überwiegend italienischer Bevölkerung war.

Reizende kleine Eindrücke aus dieser ersten Zeit gibt uns eine der ersten Schülerinnen, Diakonisse K. L.

»Für uns Kinder, die wir aus dem deutschen Gebiet in Österreich stammten, war das Italienische anfangs nicht leicht. Die deutsche Zunge muss sich an das Weiche der italienischen Sprache erst durch viel Übung gewöhnen ... Als Frau Gräfin meine Tränen sah, weil es mir gar nicht gelingen wollte, nahm sie mich nach der Stunde auf den Schoß und zeigte mir die Zungen- und Lippenbewegungen so lange, bis ich es traf. Ein Kuss belohnte meine Mühe. Dann sagte sie mir ganz leise: ›Weißt, du musst den lieben Heiland bitten bei allem, was dir schwer wird. Dann hilft er immer.‹ Mir blieb diese italienische Stunde unvergesslich. Mit viel Liebe lernte ich nun die italienische Sprache, die mir im Krieg gute Dienste als Dolmetscherin bei den italienischen Flüchtlingen leistete.

Aber nicht nur eine Lehrerin war für uns Kinder die Frau Gräfin in den ersten Jahren, sondern sie verstand es auch, mütterliche Liebe uns zu schenken. Ich erinnere mich noch lebhaft, wie sie uns zeigte, kleine Püppchen aus Stoffabfällen anzufertigen. Pinsel und Farbe brachte sie auch mit und malte unseren Puppenkindern die schönsten Gesichter.

Bei besonderen Gelegenheiten (wie Geburtstag der Frau Gräfin oder des Herrn Grafen) durften wir die schöne große Puppe von der Frau Gräfin holen, mit der sie selbst als kleines Mädchen gespielt hat, zugleich auch den Kochherd und das Puppengeschirr von vierundzwanzig Gedecken aus feinem Porzellan. Da wurde gekocht nach Herzenslust ...
Einmal traf sie mich, wie ich mich gerade um ein krankes Püppchen mühte. Die Lehrerin meinte, zu der Gräfin sich wendend: ›Ihre Puppen sind immer krank. Sie pflegt sie lieber, statt ihnen schöne Kleider zu nähen wie die andern Mädchen. Vielleicht wird sie einmal ein weißes Häubchen tragen.‹ Acht Jahre später trat ich in Gallneukirchen, dem österreichischen Diakonissenhause, ein.«

Schwester K. L. blieb nicht die einzige Diakonisse. Es sind noch mehrere der Russizer Heimkinder diesen schönen Weg gegangen.

»Es gab doch nichts in unserem Mädchenleben in Russiz, woran Frau Gräfin nicht selbst teilnahm, wenn es ihre Zeit erlaubte«, fährt die Schwester in ihrem Bericht fort. *»So lehrte sie uns persönlich die Anfangskenntnisse im Schwimmen. Wurde ein Kind krank, so kam es auch vor, dass sie einen Teil der Nacht bei ihm wachte, wenn es schlimm stand. Bei mir habe ich das selbst erfahren. Ich wachte einst in der Nacht auf und merkte zu meiner Verwunderung, dass Frau Gräfin neben mir saß. Später erzählte man mir, dass ich wahrscheinlich durch Genuss von giftigen Beeren bewusstlos aufgefunden worden war. Frau Gräfin hatte große Sorge um mich gehabt.«*

Auch der Graf de La Tour nahm lebhaften Anteil am Gedeihen des Heimes. Zuweilen kam er selbst in den Unterricht und prüfte die Kinder, vor allem im Rechnen. Er war aber kein strenger Examinator. Haperte es mit der Antwort, half er noch so lange freundlich, bis das Richtige gefunden wurde. Als Lohn gab es dann meist eine mit Jubel begrüßte Freistunde.

Einmal kam er auch in die Religionsstunde und fragte nach der Zahl der Gebote. Als alle Kinder wie aus einem Munde »Zehn!« riefen, sagte er: »Stimmt nicht! Ihr wollt Christen sein und kennt nicht die Gebote? Also merkt euch, es gibt elf, denn Christus hat gesagt: ›Ein neues Gebot gebe ich euch, dass ihr euch untereinander liebt!‹ Das Hauptgebot soll von nun an das elfte sein, denn das hat Christus selbst gegeben, und es steht in den Evangelien.«

Früh schon versuchte die Gräfin, die größeren Kinder zur Mitarbeit an den Kleineren heranzuziehen; vor allem sollten die Mädchen es lernen, Sonntagsschule zu halten. Unter ihrer Anleitung wurde jeweils der Bibeltext für den Sonntag durchgenommen. Die Schülerinnen sollten sich die Fragen aufschreiben, die sie den kleinen Kindern stellen wollten. Dann sprachen sie eingehend und dem kindlichen Verständnis angemessen die Fragen und Antworten durch. Diese Stunden blieben den Mädchen unvergesslich.

Im Alter von fünfzehn Jahren kamen manche der Mädchen ins Schloss, um unter Anleitung der Köchin und der Haushälterin die häuslichen Arbeiten zu erlernen. Auch über diesen Unterricht hatte die Gräfin ein wachsames Auge und zeigte den jungen Mädchen manchen Handgriff, besonders beim Tischdecken und Anrichten der Speisen.

Dankbar denken ihre einstigen Zöglinge daran zurück, dass sie sie nie in Gegenwart von anderen lobte oder tadelte. Auch in ihrer Umgebung wirkte sie darauf hin, dass dies nicht geschah. War einmal ein Tadel nötig, so geschah es unter vier Augen. Er hatte so jedenfalls eine viel nachhaltigere Wirkung.

»Es lag mir besonders daran, deutsche Art, Sitte und Sinn meiner Arbeit hier im Lande einzuprägen«, schrieb die Gräfin in späteren Jahren. Das war mit ein Grund, dass sie sich ihre Mitarbeiter fast ausschließlich aus Deutschland holte.

Wer später einstigen Russizer Kindern begegnete, dann auch schon meist mit grauem Haar, der staunte, wie Italiener und Slowenen nicht nur die deutsche Sprache beherrschten, sondern wie sehr sie auch deutsches Wesen in sich aufgenommen hatten.

Wenn es auch nicht an schmerzlichen Enttäuschungen und bitteren Erfahrungen fehlte und an manchem Kind alle Mühe und Liebe völlig wirkungslos zu bleiben schien, so ist doch unumstritten, dass in Russiz Großtaten der Erziehungskunst vollbracht wurden. Wie manches der Kinder, die wertvolle Menschen wurden, wäre elend zugrunde gegangen, wenn die Gräfin nicht die rettende Hand nach ihm ausgestreckt und sich seiner in mütterlicher Liebe angenommen hätte.

Vielfach entdeckte sie selbst bei ihren Hausbesuchen in den Hütten der armen umwohnenden Bevölkerung die hilfsbedürftigen Kinder und nahm sie mit nach Russiz. So hörte sie einmal von einer katholischen Familie, die durch den Leichtsinn und die Trunksucht des Vaters vor dem Untergang stand. Von elf Kindern waren fünf infolge der Entbehrungen gestorben. Die Gräfin besuchte die Familie und fand erschütternde Not. Ein zehnjähriges Mädchen litt an schwerer Knocheneiterung. Nach Aussage des Arztes konnte ihr nur durch gute Ernährung und sorgsame Pflege geholfen werden. Nach Rücksprache mit Anna Heber, die sich als einstige Diakonisse bereit erklärte, das Kind zu pflegen, nahm die Gräfin es in das Internat auf. Nach zwei Jahren war das Kind geheilt. Für die Liebe, die ihm erwiesen worden war, dankte es durch das gute Beispiel, das es den andern gab, und war eine Hilfe für seine Erzieher. Zehn Jahre arbeitete das junge Mädchen als Helferin in dem Heim mit und trat dann als Hausmädchen in den Dienst der Gräfin. Mit seinem Takt füllte sie diese oft nicht leichte Stelle sehr gut aus. Bald gewann sie das volle Vertrauen der Gräfin, und als ihre treueste Dienerin teilte sie Jahrzehnte hindurch gute und böse Tage mit ihr, blieb auch in der bitteren Not des Krieges an ihrer Seite und lohnte so das Opfer, das die Gräfin einst für sie gebracht hatte, in reichlichem Maße.

Aber auch der übrigen Glieder der armen Familie hatte sich die Gräfin angenommen. So bezahlte sie die Wohnungsmiete für die Armen und trug auch die Begräbniskosten für eine verstorbene Tochter, da der katholische Geistliche sich weigerte, sein Gemeindeglied ohne Spesen zu beerdigen. Zwei jüngere Mädchen der Familie hatte die Gräfin ebenfalls ins Heim aufgenommen, und sie wurden später tüchtige Frauen und Mütter.

Eine ähnlich gute Erfahrung machte sie durch die Aufnahme eines gleichfalls durch ein Beinleiden schwer behinderten italienischen Jungen aus Cormons, der dann später noch lange Zeit in Triest evangelistisch arbeitete. Er schildert uns anschaulich seine Erlebnisse bei der Aufnahme in das Heim:

»Meine erste Begegnung mit der Gräfin ist mir bis heute noch unauslöschlich haften geblieben. In der Schlosshalle kam sie uns entgegen. Mir klopfte heftig das Herz, als sie vor mir stand, diese hohe, schwarz gekleidete Frau mit dem schneeweißen Haar. Sie hatte etwas Königliches und Ehrfurchtgebietendes in ihrer Haltung, sodass ich nicht einmal zu grüßen wagte, sondern ganz verlegen wurde. Ihr freundliches Lächeln und der warme Ausdruck ihrer braunen Augen ermunterten mich, und ich fasste wieder Mut. ›Armes Kind‹, sagte sie auf Italienisch und reichte mir die Hand. Gleichzeitig wandte sie sich an meine Mutter und fragte, wodurch ich mein rechtes Bein verloren hätte. Meine Mutter erzählte etwas umständlich, dass die Amputation einem Unglücksfall zuzuschreiben wäre. Nachdem sie noch sonstige Erkundigungen eingezogen hatte, erfuhr ich, dass sie mich in die Anstalt aufnehmen wollte. Meine Freude darüber war unsagbar.

Kurze Zeit darauf kam ich in die Knabenanstalt (nach Kärnten). Für mich begann dort ein ganz neues Leben. Ich kam aus dem sonnigen Süden und hatte nichts mitgebracht als die armselige Kleidung, die ich am Leibe trug. Frierend stand ich eines Sonntagnachmittags beiseite und dachte heimwehvoll an meine sonnige Heimat. Hier begegnete ich zum zweiten Male der Gräfin. Voll Mitleid sah sie mich an und sagte zu mir: ›Hai freddo?‹ (Hast du kalt?). ›Du bist dieses Klima nicht gewöhnt.‹ Sie achtete auf die Geringsten und auf das Geringste; darin bestand die Größe ihres Charakters. Sofort brachte sie mich zur Hausmutter und sprach mit ihr deutsch, wovon ich als Italiener kaum ein einziges Wort verstand. Bald darauf bekam ich eine warme Kleidung, am Sonntag sogar ein neues Gewand aus Wolle.«

Der größte Teil der Russizer Kinder schaffte seinen Weg durchs Leben und leistete Tüchtiges. Vier Mädchen wurden Diakonissen, zwei Lehrerinnen und eine ganze Anzahl Kindergärtnerinnen. Ein großer Teil heiratete, und manche kamen dabei zu Wohlstand und stiegen in höhere soziale Schichten auf. Es herrschte jedesmal große Freude, wenn ein früheres Russizer Kind nach Jahren, vielleicht schon mit einem eigenen Kind an der Hand, die Erziehungsanstalt besuchte.

Was wäre das Schicksal aller Mädchen gewesen, wenn die Gräfin ihnen nicht ihre rettende Hand gereicht hätte?!

Beginn des Kampfes

G lauben, dass wir unsterblich Teil in uns haben, heißt noch nicht, Christ sein. Glauben, dass es eine ewige Kraft gibt, aus der wir leben, heißt noch nicht, Christ sein. Die Gebote halten, Recht und Unrecht scheiden, heißt noch nicht, Christ sein. Der Christ muss den Weg über das Kreuz zur Gewissheit Gottes gegangen sein. Sein Segen kommt aus dem Leid. Darum erprobt sich's erst im Leid, ob einer ein Christ ist.«

So steht es in der Geschichte eines der ganz großen deutschen Maler und Gottesstreiter *.

Wer etwas von den Wegen Gottes weiß, in denen er seine Kirche und ihre Glieder für ihre Ewigkeitsbestimmung erzieht, der weiß auch etwas von der tiefen Wahrheit, die in diesem Wort liegt.

Wer in Gottes Dienst tritt, der stellt sich in den Kampf mit den Mächten, die gegen ihn sind. Und dieser Kampf bedeutet das Kreuz.

Von diesem Kreuz hatte die Gräfin de La Tour ihr reichliches Teil zu tragen. Ja, wir können sagen, je mehr Segen und Erfolg Gott auf ihre Arbeit legte, desto größer wurde die Feindschaft gegen ihr Wirken und um so drückender das Kreuz, das sie zu tragen hatte. Ein Wunder ist es nicht, denn ihr Unternehmen war nicht alltäglich. Als einzige evangelische Christin weit und breit hatte sie es gewagt, in katholischer Gegend ein Kinderheim zu gründen, in der der Geist des Evangeliums wirksam war, in der auch die katholischen Kinder unter dem Einfluss dieses Geistes standen.

---

* Meister Mathis, genannt Grünewald v. A. Zinn, Verlag Grote, Berlin

In dem Sinn schreibt Gräfin de La Tour auch im Rückblick auf die Entwicklung der Arbeit in Russiz:

»Es heißt, dass die Bäume, welche den Stürmen am meisten ausgesetzt sind, ihre Wurzeln am tiefsten gründen. So weiß ich auch, dass meine arme Mädchenanstalt in Russiz, welche seit ihrem Entstehen durch so viel Kampf und Sturm hindurchgegangen ist, ihre Wurzeln immer tiefer geschlagen hat bis auf den Grund, der unbeweglich steht, wenn Erd' und Himmel untergeht. So steht sie noch heute, die liebe Anstalt, unter unseres allmächtigen Gottes schützender Hand, geborgen in seiner Liebe, als ein Denkmal seiner Gnade und Langmut.«

*

Im Juli 1878 starb Freiherr Hektor Ritter in der Wasserheilanstalt Kaltenleutgeben. Er hatte hier Erholung gesucht und wurde ganz plötzlich wie manche seiner Vorfahren aus dem vollen Leben abgerufen.

Für seine älteste Tochter war das ein harter Schlag. Keines seiner Kinder hatte ihm so nahe gestanden, keines der anderen war so von ihm geliebt worden. Durch den Jahresbericht über ihre Arbeit, den sie einige Monate nach des Vaters Tod herausgab, zittert noch die schmerzliche Erinnerung an das bittere Leid.

Für ihre Arbeit begann jetzt ein neuer Abschnitt. Der Vater hatte ihr außer dem persönlichen großen Erbteil eine Summe zum Bau eines Hauses für die Erziehungsanstalt bestimmt. Es war gewissermaßen seine Zustimmung zu dem Weg, den seine Tochter ging. Der Bau wurde bald in Angriff genommen, und einige Monate später konnten die Kinder ihren Schlafsaal unter dem Dach des Schlosses verlassen und ihr schönes neues Heim beziehen. Auch für die Schule konnten bessere Räume geschaffen werden.

Mit der Erweiterung der Räume begann das Aufblühen des Internats. Der Andrang der Kinder wurde immer größer, besonders viele katholische Kinder baten um Aufnahme. Mit blutendem Herzen musste Gräfin de La Tour einen Teil von ihnen zurückweisen, da nach dem Gesetz in Schulen unter evangelischer Leitung die Mehrzahl der Kinder evangelisch sein musste.

Durchschnittlich waren 50–60 Kinder im Internat, während die Anzahl der Schüler der Volksschule 70–80 betrug.

Es kam die Zeit, als die ersten Mädchen vor dem Abschluss ihrer Schulzeit und die evangelischen vor der Konfirmation standen. War es ein Wunder, dass auch die katholischen Mädchen, die im gleichen Geist erzogen worden waren, den Wunsch hatten, mit ihren evangelischen Kameradinnen konfirmiert zu werden? Die Mädchen waren vierzehn oder fünfzehn Jahre alt. Da durften sie selbst entscheiden, zu welcher Kirche sie gehören wollten. Die herrliche Botschaft des Evangeliums hatten sie im Internat erfahren, während die katholische Kirche ihnen fremd geblieben war.

So kam es, dass ohne jegliche konfessionelle Beeinflussung, vor der die Erzieher sich gewissenhaft hüteten, fast alle katholischen Mädchen zur evangelischen Kirche übertraten und ihre treuen Glieder wurden.

Das aber erregte den Zorn der römischen Geistlichkeit. Obwohl die Gräfin nichts anderes wollte als die Rettung verlorener Menschen, wurde mit allen Mitteln, offen und geheim, mit Lüge und Verleumdung unter Anrufung der Behörden gegen sie gearbeitet. Ein Kampf begann, der ihr unendlich viel Leid brachte und der von Jahr zu Jahr heftiger und erbitterter wurde, ja der sogar noch als dunkler Schatten auf ihren letzten Lebensjahren lag.

Das war, neben manchem andern Schweren, das Kreuz, das sie ihrem Herrn nachzutragen hatte. Unbeirrt ging sie ihren Weg und ließ sich nicht durch »das Geschrei der Widersacher« erschrecken, sondern hielt sich in zuversichtlichem Glauben und heißem Gebetskampf an die Verheißungen ihres Herrn, um dessen Sache es ihr ging.

Nach außen hin beachtete sie alle Gesetze peinlich genau und verlangte dasselbe auch von ihren Mitarbeitern. Aber darüber hinaus ging sie nicht um Haaresbreite, vielmehr schöpfte sie alle nur denkbaren Möglichkeiten aus, um sich ihren Dienst an den ärmsten Kindern des Volkes nicht einschränken zu lassen. Ihr Wirken wurde von dem gleichen Geist getragen, dem Mutter Eva von Tiele-Winkler in den bekannten Versen Ausdruck verleiht:

»Volk meiner Heimat, in Nebel und Rauch,
dir bleib ich treu bis zum letzten Hauch.
Ich habe mein Herz und mein ganzes Leben,
meine Kraft, meine Liebe dir hingegeben.«

Wie dort in Schlesien die armen Polenkinder auf dem väterlichen Gut und in den Bergwerken in ihrem Schmutz und Elend, in ihren Krankheiten und ihrer Verwahrlosung der jungen Gutstochter auf dem Herzen lagen, so war es hier die Gutsfrau, die über die Grenzen ihres eigenen deutschen Volkstums hinweg den elenden italienischen und slowenischen Kindern ihrer Umgebung, getrieben von der Liebe Christi, eine helfende Hand bieten musste.

Mutter Eva wirkte in einem Staat, in dem durch die evangelische Regierung Roms Machtgelüste stark eingedämmt waren. Das Wirkungsfeld der Gräfin de La Tour jedoch war der Habsburger Staat, der einst unbedenklich in der Gegenreformation den Jesuiten zur Ausrottung des Evangeliums mit Kerker, Galgen oder Verbannung seinen Arm geliehen hatte und wo auch damals noch Rom eifersüchtig darüber gewacht hatte, dass ihm sein Herrschaftsbereich nicht geschmälert wurde.

Das gibt uns eine Vorstellung davon, wie ernst der Kampf war, den die Gräfin aufzunehmen gewagt hatte.

Die ersten Anfeindungen durch die katholische Geistlichkeit begannen anscheinend Anfang der achtziger Jahre. Die näheren Umstände waren besonders schmerzlich für sie, da ein katholischer Frauenverein in Görz, dessen Vorsitzende eine Tante von ihr war, eine Baronin Ritter, sich in die Kampffront gegen ihr Werk stellte. Dabei war der Mann dieser Dame, der älteste Bruder von Baron Hektor Ritter, nach dessen Tode der Kurator der evangelischen Gemeinde in Görz.

Die katholischen Frauen gründeten nach dem Vorbild von Russiz auch ein Waisenhaus, das von Nonnen geleitet wurde, und verlangten, dass die katholischen Kinder aus dem Internat dorthin übergeführt werden sollten.

Trotz all ihrer Werbung unter den Müttern, die durch den Druck der katholischen Geistlichkeit unterstützt wurde, gelang es nur, eine einzige Frau zu bewegen, ihr Kind aus Russiz zu nehmen und in das katholische Heim überzuführen. Das arme Mädchen wurde dort seines Lebens nicht froh. Die Nonnen versuchten mit Gewalt, ihm die Russizer evangelische Gesinnung auszutreiben. Das Kind war todunglücklich. Schließlich kam die Mutter zur Gräfin und bat flehentlich, es wieder in Russiz aufzunehmen. Aber nun war es zu spät. Eine Lösung aus dem katholischen Heim war nicht mehr möglich.

Das war ein Vorgang, der sich noch öfter auch bei späteren Angriffen auf die Einrichtungen der Gräfin wiederholte. So erbittert die Feindschaft der katholischen Kirche gegen das evangelische Liebeswerk war, und so oft auch die Behörden der Agitation nachgaben und der Gräfin größte Schwierigkeiten machten, die den Fortbestand ihres Werkes in Frage stellten – die Eltern oder Vormünder der Kinder standen immer auf ihrer Seite.

»Sie wussten«, schrieb sie, *»dass ihre Kinder in unseren Häusern stets vor leiblicher Not und sittlichen Gefahren bewahrt waren, und nicht allein tüchtig zum Himmelreich, sondern auch für das praktische Leben erzogen wurden. Dazu wussten sie, dass es ihnen freistehe, dieselben zu jeder Zeit zurückzunehmen.«*

So sehr die Gräfin unter diesen Anfeindungen auch litt, so blieb sie doch innerlich ruhig und ging fest und entschlossen ihren Weg in Erfüllung ihres Auftrages. Sie war sich schon damals klar darüber, dass der Weg in der Nachfolge Jesu ein Kreuzesweg war, sie wusste aber auch, dass nur unter dem Kreuz Gottes Siege erkämpft werden.

Im österreichischen Gemeinschaftsblatt »Worte der Wahrheit und Liebe« schrieb sie darüber wertvolle Worte, die zeigen, wie stark und bewusst ihr Ja zu den Kreuzeswegen war, die sie gehen musste.

Es heißt dort:

»Als ich in den 70er Jahren vor die Wahl gestellt wurde, den Weg einzuschlagen, der für mein ganzes ferneres Leben bestimmend sein sollte, da hatte ich schon genügend Erfahrungen gemacht, um zu wissen, wie folgenschwer eine Entscheidung sein musste, welche mich an die Nachfolge meines Heilandes binden würde. Ich hatte schon damals auf Grund und infolge tiefgreifender schwerer Kämp-

fe gelernt zu sagen: ›Nehmen sie den Leib, Gut, Ehr', Kind und Weib, lass fahren dahin! Sie haben's kein'n Gewinn! Das Reich muss uns doch bleiben‹ und war bereit, Gut, Blut und Leben für meinen Heiland hinzugeben. So war kein langes Überlegen hier am Platze. Zudem wusste ich auch, dass ich mich mit vollem Vertrauen einer Führung überlassen könne, welche niemals irregehen, mich nie enttäuschen oder mir den rechten Beistand versagen würde. Mein Entschluss hat mich nie gereut, ja nur eine Fülle von geoffenbarter Gottesliebe, von Gebetserhörungen und Siegeserfahrungen eingetragen.«

*

Die Angriffe der römischen Kirche steigerten sich von Jahr zu Jahr, je offensichtlicher die Erfolge der Erziehungsarbeit in Russiz wurden. Es war die alte Regel: wo geistlicher Tod herrscht, da bleibt auch der Feind ruhig, ja gefällt sich sogar auch in einer Geste der Duldung. Aber wo das Leben sich regt, da erwacht der Widersacher, da will er den Einbruch in sein Reich verhindern.

Eine tote Kirche wird immer Frieden haben, aber es wird ein Kirchhofsfriede sein. Wo die Kirche aber lebt und die Fahne ihres Herrn hochhält, da ist es mit ihrer Duldung zu Ende.

»Wäret ihr von der Welt, so hätte die Welt das Ihre lieb. Weil ihr aber nicht von der Welt seid, sondern ich euch aus der Welt erwählt habe, darum hasst euch die Welt« (Joh 15, 19).

Als die Gegengründung des katholischen Waisenhauses sich als ein völliger Fehlschlag erwies, reichte der katholische Klerus ein Gesuch bei den Behörden ein. Die Gräfin erhielt die Anordnung, alle katholischen Kinder zu entlassen. Aber dies Entlassen war in den meisten Fällen gleichbedeutend mit Zurückstoßen ins Elend, in sittliche Gefährdung und Verwilderung.

Nie und nimmer konnte die Gräfin darauf eingehen! Was sie später in einem ähnlichen Fall sagte, galt auch schon damals: »*Dagegen empörte sich mein Mutterherz, in das ich jedes mir vom Herrn anvertraute Kind eingeschlossen. Und da habe ich mich gewehrt, die Schäflein auszuliefern, wollte als treuer Hirte dastehen, der nicht flieht, wenn der Wolf kommt, um in die Herde einzudringen.*«

41

Sie tat einen letzten nur möglichen Schritt und suchte um eine Audienz beim Kaiser nach. Ihr Mann begleitete sie auf der Reise nach Wien. Um der großen Verdienste ihres Vaters willen wurde ihr die Audienz gewährt.

Kaiser Franz Joseph war ein überzeugter Katholik. Das Protestantenpatent vom Jahre 1861, das den Evangelischen volle Gleichberechtigung in Österreich gewährte, hatte ihm sein Onkel, der Erzherzog Rainer, der sah, dass die Zeit dafür reif war, erst abringen müssen.

Aber der Kaiser war eine innerlich durch und durch vornehme und gerecht denkende Persönlichkeit. Was er sagte, das meinte er auch. So hielt er auch unverbrüchlich an dem von ihm erlassenen Gesetz fest.

»Die tiefe Anständigkeit seines Wesens hätte ihm nie erlaubt, gewisse große Worte vor der Staats- und Weltöffentlichkeit als bloße Kulisse zu gebrauchen, hinter der sich ganz andere Bestrebungen auswirken.« *

Er wusste, dass die evangelischen Gemeinden wertvolle Bestandteile seines Reiches waren, dass er sich auf ihre Treue verlassen konnte. Dementsprechend behandelte er sie auch trotz aller Bemühungen seiner klerikalen Umgebung, ihn von dieser Linie abzubringen.

Er empfing die Gräfin wohlwollend und sagte ihr nach Möglichkeit Hilfe zu.

Hoffnungsvoll reiste das Ehepaar wieder nach Hause. Die kaiserliche Entscheidung, die nach einiger Zeit eintraf, erlaubte, dass sie die katholischen Kinder im Heim behalten und auch weiterhin welche aufnehmen dürfe. Nur an den Andachten sollten die Katholiken nicht teilnehmen – ein Zugeständnis, das der Kaiser der katholischen Geistlichkeit hatte machen müssen.

Diese Einschränkung wurde gewissenhaft eingehalten. Aber die ganze Erziehung war doch so sehr vom Geist des Evangeliums getragen, dass die Kinder sich später als Erwachsene sehr zur evangelischen Kirche hingezogen fühlten.

---

* Vgl. 400 Jahre Protestantismus in Österreich von D. Dr. Gustav Entz.

Vom Weg miteinander

»Das ist die rechte Ehe, wo zweie sind geeint,
im Wohl und auch im Wehe zu pilgern treu vereint.
Der eine Stab des andern und liebe Last zugleich,
gemeinsam Rast und Wandern bis hin zum Himmelreich.«

So schilderte ein deutscher Dichter einmal die echte glückliche Ehe. Wie sah es mit der Ehe der Gräfin de La Tour aus, wenn wir sie an diesem Maßstab messen? Erlebte auch sie das tiefe Glück, das im inneren Einssein liegt, im Einander-Verstehen, im Miteinander-Tragen?

Wenn wir anhand ihrer Aufzeichnungen in Jahresberichten und ähnlichen Schriftstücken einen Rückblick auf ihr Leben werfen, so können wir uns dem Eindruck nicht entziehen, dass immer wieder ein Unterton des Schmerzes hindurchklingt und dass ein letztes tiefes Sehnen ihres Frauenherzens unerfüllt blieb.

Die Ehe des gräflichen Paares war auf zu verschiedenen Grundlagen beiderseits aufgebaut, um in voller Harmonie zusammenzuklingen.

Als bereits gereiftes Mädchen, dessen Lebenserfahrung durch einen klaren, scharfen Verstand noch vertieft wurde, war Elvine in die Ehe getreten. Ihr zur Seite stand ein um drei Jahre jüngerer Mann von sprühender Lebenslust, dessen selten liebenswürdiger Charakter nicht ohne einen Einschlag von manchmal fast gefährlichem Leichtsinn war.

Eine Schwierigkeit für diese Beziehung lag auch in der ungleichen Verteilung des irdischen Besitzes. Anscheinend hatte die Gräfin, wohl auf Wunsch ihres Vaters, sich das volle Verfügungsrecht über ihr Vermögen bewahrt. Ihr Mann war von ihr abhängig. Das war für ihn sicher nicht immer leicht.

Zu allem kam noch die Verschiedenheit des Bekenntnisses. Als der Graf durch seine evangelische Trauung das Band zur katholischen Kirche fast gelöst hatte, dachte seine junge Frau, ihn nun im Sturm für die evangelische Kirche erobern zu können. Aber wie viel länger und schwerer wurde der Weg, als sie es gedacht hatte!

Der Graf war christlichen Fragen gegenüber nicht ablehnend. Er ging darauf ein, am Morgen mit seiner Frau die Losungen der Brüdergemeine zu lesen, und hörte sich auch gern mal einen Evangelisationsvortrag an. Auch gegen die Freundschaft, die seine Frau mit dem Ehepaar Schwarz aus Waiern in Kärnten verband, hatte er nichts einzuwenden. Pfarrer Ernst Schwarz, der Bruder dieses Pastors, war inzwischen nach Gallneukirchen gezogen und hatte sie mit seiner jungen Frau in Russiz besucht. Die Gräfin fand sehr viel Verständnis bei ihm, und er wurde ihr eigentlicher Seelsorger. Sie hätte ihn gern ganz für die Leitung ihrer Erziehungsanstalt gewonnen, aber der Wirkungskreis wäre doch für den hoch begabten Mann, der später selbst bedeutende Liebeswerke gründete, zu klein gewesen.

Trotz dieser verschiedenen Berührungspunkte wollte es in Glaubensfragen doch nicht zu einem tieferen Einklang zwischen den Ehepartnern kommen. Besonders, dass die Gebetsgemeinschaft zwischen ihnen fehlte, war der Gräfin ein großer Kummer.

Wären ihnen Kinder geschenkt worden, hätten sie das einigende Band sein können. Aber nun war ihnen auch das versagt, und beide trugen schwer daran. Es war ihnen nahe gelegt worden, ein Kind zu adoptieren, aber Elvine de La Tour lehnte es ab. Es gab so unzählig viel heimatlose und verwaiste Kinder, die ihre Mutterliebe brauchten. Warum sollte sie da eines besonders bevorzugen?

Es kamen Jahre, in denen die Ehe müde wurde. – Das war die innere Not, die die Gräfin durchkosten musste und die sie vielleicht noch schwerer bedrückte als der Kampf, den sie nach außen hin für ihr Werk führen musste. Gerade für sie als Frau mit einer von Natur aus so tiefen Hingabe, wie sie in ihrem Charakter lag, war die Erfahrung, ihrem Mann nicht alles sein zu können, sicher sehr bitter und demütigend gewesen.

Aber auch diese Not, der Druck, unter dem sie stand, und die Enttäuschungen, die sie erlebte, mussten ihr dazu dienen, sich enger an ihren Herrn allein zu binden, trieben sie tiefer ins Gebet und stellten sie immer noch mehr in Gottes Dienst.

Doch war die Ehe nicht nur schwierig, es fehlte auch nicht an Sonnentagen. Besonders in der ersten Zeit war das Miteinander anscheinend sehr eng und gut. Der Graf konnte oft überschäumend lustig sein, und auch die Gräfin hatte viel übrig für gesunden Humor und konnte herzhaft lachen.

In ihrem ersten Ehejahrzehnt fuhren sie jeden Samstagnachmittag hinaus nach Görz. Auch nach dem Tod des Vaters wurde das Elternhaus an der Riva Corno als Treffpunkt der Geschwister durch eine alte Tante aufrechterhalten.

So war es immer ein frohes Nach-Hause-Kommen. Meist hatte die Tante für die lieben Gäste im Speisesaal eine Festtafel vorbereitet, auf der ein großer Kuchen prangte. Einmal gab es eine lustige Überraschung: Was war das? Wo war der Kuchen geblieben? Nur noch ein paar Stücke lagen auf der Platte! Die alte Dame schlug vor Entsetzen die Hände zusammen, als aus einer Ecke ein herzhaftes Gelächter ertönte. Dort standen die Sünder!

Der junge Graf hatte sich seinen Teil schon zu Gemüte geführt, und auch seine Frau hatte die gute Erziehung der gestrengen Tante über Bord geworfen und ihm tüchtig dabei geholfen.

Am Sonntagvormittag ging die Gräfin regelmäßig in Görz zur Kirche, allerdings nur selten begleitet von ihrem Mann. Nachmittags fuhren sie dann wieder zurück nach Russiz. Meist war eine ganze Reihe Kinder schon zur Begrüßung am Portal versammelt, und die Gräfin war glücklich, ihre Kinderschar wiederzusehen. Sie erkundigte sich nach allem, was inzwischen vorgefallen war, während der Graf meist ein paar fröhliche Scherze bei der Hand hatte.

Überhaupt war er unter den Kindern und auch unter den Angestellten des Hauses sehr beliebt. Mit seiner leutseligen Art gewann er rasch die Herzen, mehr noch aber war es das echte Interesse, das er für seine Mitmenschen hatte. Seine Mitarbeiter und Nachbarn konnten seiner Fürsorge sicher sein. In seiner Gutmütigkeit war er noch schneller zum Helfen und Geben bereit als seine Frau, die neben dem Gefühl auch den Verstand reden ließ und den Fall genau prüfte, ehe sie die erbetene Hilfe gab.

Besonders in Krankheitsfällen scheute er keine Mühe, den Kranken beizustehen, denen es meist an intensiver Pflege fehlte. Eine benachbarte Bäuerin aus Treffen erzählte, dass sie nach längerer Krankheit ihres Mannes ganze Körbe voll Weinflaschen, die der Graf dem Kranken mit bestem Wein geschickt hatte, ins Schloss zurückbrachte. Er hatte persönlich die vom Arzt verordneten Wickel angelegt und war nicht müde geworden, den Kranken zu besuchen. Überhaupt war er ein Gutsherr, der es mit der Verantwortung sehr ernst nahm, die er für seine Leute hatte.

Als das erste der Mädchen, eine junge Kärntnerin, einen der Angestellten auf dem Gut heiratete, führte der Graf selbst sie zum Traualtar.

Diese erste Russizer Heirat stand unter einem günstigen Stern. Das junge Paar zog nach Württemberg, der Heimat des Mannes, kam dort durch Fleiß und Sparsamkeit zu Wohlstand, und ihre Kinder wurden schließlich angesehene Leute.

Häufig kamen auch Kinder aus der Verwandtschaft zu Besuch und blieben gerne längere Zeit im Schloss. Eine Nichte schilderte in einem Zeitungsartikel sehr anschaulich ihre Erinnerungen an das Russizer Heim, das ihr als ein Stück Kindheitsparadies in lebendiger Erinnerung geblieben war:

»*Ich betete als kleines Mädel die Tante einfach an, und auch später noch imponierte sie mir stets, die hochgewachsene, stattliche Frau mit dem früh gebleichten Haar und dem kindlich gebliebenen herzhaften Lachen, die so famos zu Pferde saß, die kutschierte und ihre Riesenwirtschaft tadellos leitete.*

Täglich fast ward nach Cormons hineinkutschiert, in das schon echt südlich anmutende Städtchen mit den abgeflachten Dächern, und es war die höchste Lust für mich, wenn ich ab und zu selbst auf den weißen Straßen zwischen den Maulbeerbäumen, Feldern und Weingärten die schönen Pferde lenken durfte und die freundlichen friulanischen Bauern ihr ›bon giuru!‹ in den Wagen riefen. Podgora,

Gradiska, Lagorda, Görz, all das ward oft besucht, und so manche Nacht ›Am Corno‹ in dem Ritterschen Palais zu Görz geschlafen, so mancher Spaziergang den blaugrünen Isonzo entlang gemacht, zu dessen herrlichem Wasser Feigengesträuch die schweren Äste herniederhängen lässt.

Ganz nahe der italienischen Grenze, bei Aquileja – dem österreichischen Pompeji –, liegt noch ein Gut, das teilweise der Gräfin de La Tour gehört – Monastero. Einst ein altes Kloster, dann ein ganzer Komplex von Gebäuden inmitten endloser Reisfelder, mehr groß als schön, aber damals von interessanter Unheimlichkeit für mich mit seinen vielen Gängen und Sälen, in denen alte verdunkelte Bilder und rostige Waffen hingen. Massige Türen, die gespenstisch knarrten, verblichene Tapeten, hinter denen es abends knisterte, eingehüllte Kronleuchter, uralte Möbel, echt italienische geschnitzte Riesenbetten, in denen ein kleines ängstliches Mädel sich im weißen Leinen völlig verlor, eine beständig kühle Moderluft selbst an glutheißen Sonnentagen, das war das Monastero meiner Erinnerung.

Graf und Gräfin waren heiß geliebt von all den Dörflern ringsum, die ungezählte Wohltaten aus ihrer Hand empfingen.«

*

Zu Beginn des Jahres 1880 waren die Leute in Russiz ernstlich in Sorge: Der Graf war an einer schweren Nierenentzündung erkrankt, die auch einen bösen Ausgang hätte nehmen können.

Diese Krankheit blieb ihm eine ernste Mahnung. Da er sich nicht schonte und besonders seiner Leidenschaft zur Jagd keine Schranken auferlegen wollte, traten wiederholt Rückfälle ein, die schließlich die Ursache seines frühen Todes wurden.

*

Einen bedeutsamen Wendepunkt im Leben des Ehepaares de La Tour brachte der Tod einer alten wohlhabenden Tante des Grafen. Sie hatte ihn zum Erben ihres Vermögens eingesetzt, sodass der finanzielle Druck von ihm genommen wurde.

Gräfin de La Tour zur Zeit der silbernen Hochzeit

Mit dieser Erbschaft erwarb er das Waldgut Treffen in Kärnten. Schon seit längerer Zeit waren seine Blicke dorthin gerichtet gewesen. Er vertrug die sommerliche Hitze des adriatischen Klimas in Russiz sehr schlecht. Außerdem gab es dort in der waldarmen Gegend wenig Gelegenheit zur Jagd. Aber sein Waidmannsherz zog ihn immer zum Wald, und so fand er in Kärnten seine Heimat.

Durch eine Verwandte, die häufig im Schloss Treffen zu Gast gewesen war, waren La Tours auf die schöne Gegend bei Villach aufmerksam gemacht worden, und der Graf hatte sich wiederholt dort zur Jagd aufgehalten. Das Schloss war ein neuerer, schlichter, fast kubischer Bau, wie es mehrere Gutshäuser in jener Gegend gab. Vor etwa 200 Jahren war das alte Schloss durch ein Erdbeben zerstört worden. Durch das merkwürdige Gebaren seines Hundes war der Besitzer ins Freie gelockt worden und eben aus der Haustür getreten, als ein so starker Erdstoß erfolgte, dass das Schloss zusammenstürzte und mehrere der Hausbewohner unter den Trümmern begrub. Der gerettete Herr des Hundes hatte aus Dankbarkeit ein lebensgroßes Bild des Tieres malen lassen, das noch in einer der großen Hallen von Schloss Treffen hing.

Das Gut wurde damals gerade zum Verkauf angeboten. Etwas Günstigeres hätten La Tours kaum finden können: Zur Jagd boten die mächtigen Waldungen genügend Gelegenheit, und die Landwirtschaft war in dem breiten fruchtbaren Tal aussichtsreich.

Im Jahr 1885 erwarb der Graf dann Schloss Treffen, und von da ab war es ihr Sommersitz, während Russiz nach wie vor der eigentliche Wohnort blieb. »Mein Kleinod«, hatte es die Gräfin gern genannt.

Im schönen Kärnten

Mit dem Erwerb von Schloss Treffen begann ein neuer Abschnitt im Lebenswerk der Gräfin de La Tour. Hier in Kärnten, mit einem hohen Anteil an evangelischer Bevölkerung, waren die Voraussetzungen für ihre Arbeit ganz andere als in Russiz bei der italienischen Umgebung. »Wollen Sie wirklich nach Kärnten ziehen? Fürchten Sie sich nicht vor den schlimmen Zuständen dort?« So war die Gräfin wiederholt gefragt worden, als man in ihrem Bekanntenkreis von der Absicht der de La Tours hörte, Treffen zu kaufen.

»*Gerade weil dort so böse Zustände herrschen, zieht es mich dorthin. Wo es viel Not und viel Sünde gibt, habe ich meine Aufgaben.*« So etwa hatte sie geantwortet. Von Anfang an erkannte sie die große Verantwortung sehr klar, die ihre Stellung als Gutsfrau und evangelische Christin ihr in der neuen Umgebung auferlegte.

Was war es für ein Land und Volk, mit dem die neuen Beziehungen geknüpft worden waren? Was hatte es für eine Bewandtnis mit der Warnung der Freunde?

Kärnten ist ein wunderschönes Land. Und gerade die Treffener Gegend hat ihre ganz besonderen Reize. Dem Schloss gegenüber steigen die Nock-Berge bis über 2000 Meter hoch hinauf. An den Hängen kleben die malerischen vereinzelten Bauernhöfe bis hin zur Baumgrenze und den Almen, auf denen Enzian und Alpenrosen blühen. Von dort oben aber geht der Blick weit, weit über das herrliche Land hin. Die mächtige Mauer der Karawanken schließt das Tal gegen Süden hin ab. Weiter nach Westen bilden die zackigen, schneegekrönten Gipfel der Julischen Alpen den äußersten Rahmen der Landschaft. Zwischen den niedrigeren Höhen aber, an deren Fuß auch das Schloss liegt, schlängelt sich das blaue Band der Drau durch das breite Klagenfurter Becken, dessen schönster Schmuck die Kette stiller, von Waldbergen umrahmter Seen bildet, so der Wörther und der Ossiacher See. Ja, schön ist das Land! Und in diesem schönen Land lebte ein kraftvolles, tapferes Volk. Kein Stamm Österreichs hatte im Ersten Weltkrieg so erschreckend hohe Opfer gebracht wie die Kärntner. Sie waren die einzigen, die sich gegen die Feinddiktate von Versailles und St. Germain gewehrt hatten. In einem Heldenkampf sondergleichen hatten sie sich unter Einsatzbereitschaft und kühner Todesverachtung das Abstimmungsrecht für die südlichen Gebiete, die damals zu Jugoslawien geschlagen werden sollten, erkämpft. Die Abstimmung am 10. Oktober 1920 war ein überwältigendes Bekenntnis zum Deutschtum gewesen. Dieses Bekenntnis brannte den Kärntnern noch lange im Herzen, auf den Lippen, und es waren schwere Opfer, die sie dafür gebracht hatten.

Und doch nagte ein Wurm am Mark dieses tapferen Volksstammes.

Das hing aufs Engste mit der erschütternden Geschichte unserer deutschen Volksgenossen unter Habsburger Herrschaft zusammen.

Die Begriffe Rom, Jesuitenränke, Gegenreformation sagen alles.

Österreich war früher einmal zu neun Zehnteln evangelisch gewesen. Auch Kärnten hatte mit Freuden das Evangelium aufgenommen. Deutsche Bergleute, die aus Sachsen gerufen worden waren, um nach Goldadern zu suchen, hatten das wahre Gold der Frohbotschaft des Evangeliums mitgebracht. Söhne des Adels hatten in Wittenberg studiert und waren als begeisterte Anhänger Luthers heimgekehrt. Deutsche Handwerker kamen, um das 1514 niedergebrannte Klagenfurt größer und schöner wieder aufzubauen. Auch sie gaben die frohe Botschaft von der Gerechtigkeit allein aus Gnaden durch den Glauben weiter, die Luther so machtvoll verkündet hatte.

Ein herrlicher Geistesfrühling war durch das schöne Kärnten geweht. In Villach an der Drau hatte schon im Jahr 1528 ein evangelischer Prediger in der Stadtkirche auf der Kanzel gestanden.

Der Adel hörte auf, seine Bauern mit unerträglicher Fron zu drücken, und wurde ein Vorkämpfer des Evangeliums. Er ließ evangelische Prediger aus Deutschland kommen, und die einstigen Zwingburgen wurden Stätten, wo das Evangelium daheim war. Über den vierzehn mächtigen Toren der Khevenhüllerschen Burg Hochosterwitz standen Sprüche aus der Lutherbibel, und evangelisches Denken herrschte bei den Schlossherren.

Die Bauern aber, die sich früher seufzend zu schwerem Frondienst hatten einstellen müssen, zogen sonntags mit Freuden zu den Burgen ihrer Herren, um hier die Predigt des Evangeliums zu hören.

Etwas Neues war geworden im Lande. Ganz Kärnten hätte ein Garten Gottes werden können! Aber das Unwetter, das all die herrlichen Blüten vernichten sollte, drohte am Horizont.

Der zweite Ferdinand, der Kaiser des Dreißigjährigen Krieges, trat die Herrschaft in seinen Erblanden an, zu denen auch Kärnten gehörte.

»Lieber über eine Wüste herrschen, lieber Wasser und Brot genießen, mit Weib und Kind betteln gehen, seinen Leib in Stücke hauen lassen, als ein Unrecht gegen die Kirche, als die Ketzerei dulden.«
So schwor er, als er nach Verlassen der Jesuitenschule mit siebzehn Jahren die Herrschaft in seinen Erbländern antrat.

Ferdinand hatte seinen Schwur gehalten, und ein Strom Tränen floss daraus. Der Garten Gottes war zur Wüste geworden.

Die »Reformationskommissionen« begannen durchs Land zu ziehen. Messebesuch und Sakramentsgenuss nach römischer Art wurden Befehl. Was die Bekehrungspredigten der Jesuiten nicht schafften, das schafften die Waffen und Marterwerkzeuge der 300 Soldaten, die sie zu ihrer Unterstützung bei sich hatten.

Nach Kärnten kam die Kommission im September 1600, angeführt von Bischof Martin Brenner, dem »Ketzerhammer«. Siebzig Tage dauerte der »Bekehrungsfeldzug«. Evangelische Kirchen, Friedhöfe und Pfarrhäuser wurden zerstört, die evangelischen Bücher auf Scheiterhaufen verbrannt, Prediger und Lehrer verjagt. Wer von ihnen nicht rechtzeitig geflohen war, kam in den Kerker (oder gar an den Galgen?). Das Volk aber wurde in die Kirche getrieben wie eine Herde in den Stall. Auf die Widerspenstigen wartete der Kerker. Verletzte Gewissen und zerbrochenes Leben hinterließ die jesuitische Kommission in ihrem Gefolge.

Hier und dort fand sie Widerstand. Die Bauern in Treffen waren die ersten, die sich ihr widersetzten. Aber in dem offenen Tal konnten sie auf Dauer gegen die schwer bewaffnete Übermacht nichts ausrichten und mussten sich ergeben. Anders war's in den Gebirgstälern nordwestlich von Treffen. Fast tausend Meter hoch, umgeben von unzugänglichen Berghöhen, lag etwa zwei Stunden von Treffen das Dorf Arriach. Der einzige Zugang führte durch eine schmale Klamm, durch die sich ein Wildbach sein Bett gebrochen hatte. Als die gefürchtete Kommission im Anzug war, verbauten die Arriacher Bauern die Klamm mit Felsblöcken. Oben auf den Bergen bereiteten sie Steinlawinen vor, die jeden rettungslos zermalmt hätten, der es gewagt hätte, die Klamm zu stürmen.

In ähnlicher Weise erwehrten sich auch noch andere der benachbarten, schwer zugänglichen Gebirgsdörfer der verhassten Eindringlinge. Jesuitische Tücke scheiterte an dem tapferen Widerstand der Kärntner Bauern. – Die Gegend blieb eine evangelische Insel mitten im Herrschaftsbereich Roms.

Drei Jahrzehnte später wurde auch ein Angriff auf den evangelischen Adel gestartet. Die Menschen wurden vor die Wahl gestellt, entweder auszuwandern oder katholisch zu werden. Die edelsten und tapfersten Geschlechter wählten das Erste. Was für ein Opfer das bedeutete, kann man erst ermessen, wenn man einmal einen Eindruck von der Schönheit und Lieblichkeit des Kärntner Landes bekommen hat. Nicht weit von Treffen lag die Ruine Landskron auf steiler bewaldeter Höhe. Rundum ragten die stolzen Gipfel der Kärntner Berge empor. Nach Nordosten hin lag der blaue Ossiacher See, was alles einstiger Besitz der Khevenhüller war, die auf der Feste Landskron ihren Sitz hatten. Sie wussten, dass sie einen Herrn im Himmel hatten.

Auch für sie hieß es, den Glauben oder die Heimat zu verlassen. Sie zweifelten nicht, was sie wählen sollten, und gingen nach Nürnberg, von dem bekannt war, dass es seine Tore vor den um des Glaubens willen Verfolgten nie verschloss. Mit einem Segenswunsch für den Landesherrn, der ihnen das alles angetan hatte, zogen diese edlen Menschen ins Elend und wurden in der Fremde das Salz der Kirche.

Äußerlich war das Land nun katholisch. Aber was in den Herzen lebte, konnte nicht mit Waffengewalt daraus vertrieben werden. Es gibt keinen schlimmeren Irrtum als den, dem auch die Habsburger verfallen waren, nämlich dass nur eine in der Religion einheitliche Bevölkerung die feste Stütze eines Staates bilden könne. An diesem Irrtum sind schon manche Staaten zugrunde gegangen. Er war auch das Verhängnis des Habsburger Staates.

Die Menschen wurden gezwungen zu leben, »als ob ...« Sie waren im Herzen evangelisch und mussten so tun, als seien sie eifrige Glieder der katholischen Kirche. Aber die Unaufrichtigkeit, die in diesem »als ob« lag, musste sich schließlich nachteilig auf den Charakter auswirken!

Der Geheimprotestantismus stabilisierte sich. Samstagnachts sammelte man sich im Geheimen zum evangelischen Gottesdienst und bewahrte die lutherischen Bücher – Bibel, Gesangbuch, Katechismus – als kostbaren Schatz auf, sonntags aber mussten die geheimen Evangelischen in der Messe erscheinen. So groß die Treue zum Bekenntnis der Väter war, so barg das Doppelleben doch schwere seelische Gefahren.

Der kostbarste Schatz der geheimen Evangelischen wurden die lutherischen Bücher. An allen nur irgend denkbaren Orten wurden sie vor den jesuitischen Schnüfflern verborgen: in hohlen Bäumen und Balken, unter dem Fußboden und dem Dach, in Schränken mit doppelten Böden, in Felsen- und Mauerlöchern, im Stall unter dem Stand einer stößigen Kuh, die nur die Bäuerin näher kommen ließ, ja sogar unter dem Misthaufen oder in einem wasserdichten Behälter im See.

»Kam der Samstagabend, wurden Türen und Fenster sorgfältig verschlossen, der Hausvater holte seine Bücher aus dem Versteck und setzte mit priesterlichem Ernst sich an den Ehrenplatz des Tisches. Alle Hausgenossen versammelten sich um ihn, dann las er ein Kapitel aus der Heiligen Schrift und eine Predigt vor und erklärte solches in heiliger Einfalt den Seinen, unterrichtete, tröstete, stärkte sie und pflanzte Mut, Treue und Gottseligkeit in ihre Seelen. Zum

Schluss wurde gebetet und gesungen. Das war heilige Sabbatfeier, da ward die Stube zum Tempel, der Tisch zum Altar, die Familie zur Gemeinde, der Vater zum Seelsorger.« (Pfarrer Hauptner in Schladming)

Hin und wieder wagten es auch mehrere Familien, sich in einem Haus zum Gottesdienst zu versammeln, oder man kam auf unzugänglichen Berghöhen oder versteckten Alpenwiesen zusammen.

Aber oft lauerte dennoch Verrat – und dann: wehe den Armen!

Von Generation zu Generation vererbte sich diese Art, Gottesdienst zu feiern, bis Mitte des 18. Jahrhunderts eine neue Verfolgungswelle hereinbrach.

Durch die Vorgänge, die zur Vertreibung der 30 000 Salzburger geführt hatten, war man auch in Österreich auf die geheimen Evangelischen aufmerksam geworden. Ein Landeshauptmann in Kärnten gab Bericht, dass »*fast das halbe Oberkärnten vom Lutheranismus, jedoch ganz insgeheim, behaftet sei, und zwar von der Zeit der ersten Einführung an*«.

Wieder sollte das Militär, in erster Linie die wilden Kroaten, bei der Bekehrung der Abtrünnigen mithelfen. Nach dem Vorbild der französischen Dragonaden legte man den Evangelischen große Einquartierungen ins Haus.

Fast am schlimmsten trieb es mit der Verfolgung der evangelischen Untertanen eine Frau, die Kaiserin Maria Theresia. Trotz des besten Zeugnisses, das ihren evangelischen Untertanen in Kärnten ausgestellt worden war, ordnete sie die Überführung, die »Transemigration« der Evangelischen, wie damals der Fachausdruck hieß, ins entfernte Siebenbürgen an, um das »Religionsübel« zu beseitigen.

Vergebens flehten die evangelischen Bauern die Kaiserin um Gnade und Gerechtigkeit an: »*Sie seien keine Verbrecher, ihnen werde nur zur Last gelegt, dass sie den König auf dem Berge Zion für das einzige Haupt, sein blutiges Versöhnopfer für den einzigen Grund ihrer Seligkeit und sein untrügliches Wort für die einzige Richtschnur ihres Glaubens halten.*«

Aber die Kaiserin blieb hart. Zwei Jahrzehnte hindurch wurden immer wieder treue evangelische Familien unter Zurücklassung der unmündigen Kinder in die Ferne verschickt, bis endlich Kaiser Joseph der Zweite durch sein Toleranz-Patent im Jahr 1781 dem allem ein Ende machte.

Aber Maria Theresia hatte noch etwas getan, was sich für Kärnten nicht weniger verhängnisvoll auswirkte als die Glaubensverfolgung. Sie hatte ein Gesetz erlassen, nach dem niemand heiraten durfte, der nicht eigenen Besitz hatte. Also waren nach diesem Gesetz alle jüngeren Söhne der Bauern, alle Knechte, alle Holzfäller, und wenn sie noch so gesund und kräftig waren, von der Ehe ausgeschlossen.

Es ist klar, welche sittliche Verrohung dieses Gesetz anrichtete! Da den jungen Burschen die gottgewollte christliche Familiengründung gesetzlich verboten war, wurden ungeordnete Verhältnisse zum Normalfall. So kam es, dass ein großer Teil der Kinder in Kärnten geboren wurde, ohne den Namen des Vaters zu tragen, und so wurde der Verantwortungslosigkeit des Vaters gegenüber seinem Kind Tür und Tor geöffnet.

Da die Ordnung des Familienlebens fehlte, suchten die Männer, die kein Heim ihr eigen nennen konnten, ihre Zerstreuung im Alkohol. Alkoholmissbrauch war an der Tagesordnung in Kärnten, und dem folgten Spielsucht und die sogenannte »freie Liebe« auf dem Fuß.

Zwar wurde das Gesetz Maria Theresias mit der Zeit aufgehoben, aber seine verhängnisvolle Wirkung hatte es behalten. Die Lockerung der Sitten, die es im Gefolge gehabt hatte, wirkte noch lange nach. Ins Bewusstsein des Volkes hatte sich eingeprägt: Wer keinen Besitz hat, heiratet nicht. Unter den Knechten und Mägden war das freie, oft genug wechselnde Verhältnis die Regel geworden. Die Väter fanden es sehr bequem, sich der Verantwortung für ihre Kinder zu entziehen, die Viehmagd mit zwei bis drei Kindern war das gewohnte Bild auf den Kärntner Bauernhöfen. Fast ohne jede Erziehung wuchsen diese armen Kinder dort auf, oft noch zusätzlich durch die Trunksucht des Vaters erblich schwer belastet.

Diese Zustände hatten eine so verheerende Wirkung auf das gesamte Volksbewusstsein, dass selbst treuen Gliedern der evangelischen Gemeinden das Gefühl für das Sündhafte dieses Zustandes fast verloren gegangen war.

Das war der Wurm, der am Mark des Kärntner Volkes nagte. Die Schuld lag weniger beim Volk als bei denen, die aus Fanatismus und Kurzsichtigkeit dieses begabte, mutige Volk zugrunde richteten. Sie lag in der Verwirrung der Gewissen durch die Gegenreformation und in den kurzsichtigen Gesetzen der Habsburger und in der Förderung des Alkoholverbrauchs durch die vorhergehende Regierung um der höheren Einnahmen des Staatssäckels willen.

*

Dies ist das Land und Volk, dem nun der größte Teil der Lebensarbeit der Gräfin de La Tour gehören sollte, für das sie die schwersten Opfer brachte, um gefährdete Kinder zu retten, Heimatlosen ein Heim zu schaffen und den Geist des Evangeliums hineinleuchten zu lassen in die Häuser und in die Herzen.

Die Schäden, die einst die kurzsichtigen Gesetze der Kaiserin über das Land gebracht hatten, versuchte Elvine de La Tour mit einem Opfermut sondergleichen, soweit es in ihren Kräften stand und ihr Einfluss reichte, zu heilen und zurechtzubringen.

»Und die Schule
hat sie uns gebaut!«

E s war einer der strahlenden Sonntage, wie sie dem Kärntner
Land, das durch hohe Gebirgsmauern gegen Norden ge-
schützt ist, häufig beschert werden. Unter den breitästigen Kastanien im Park des Treffener
Schlosses herrschte viel Trubel. Scharen von Kindern zogen her-
an, große und kleine, solche, die gesund aussahen, und andere,
denen man die bittere Armut, die Körper und Geist im Griff hatte, schon von weitem ansah. Manche bewegten sich unsicher
und ungeschickt in schweren Bergschuhen, denn der ebene Weg
war für sie völlig ungewohnt.

Unter den Bäumen standen Bänke bereit, auf denen sich die
Kinder in einzelnen Gruppen niederließen. Ein paar junge Mädchen hielten Ordnung unter ihnen. Erwartungsvoll waren alle
Augen auf das Schloss gerichtet. Den Neulingen unter ihnen war
ein wenig bange, nun vor die Gräfin zu treten, von der jeder daheim in den Bergen sprach.,

Da kam sie auch schon über den Platz vor dem Schloss mit einigen Büchern in der Hand. Wie vornehm sie aussah! Wie auf-
recht sie daherschritt! Die Kleinen versteckten sich ängstlich
hinter den älteren Geschwistern.

Aber als sie nun die Kinder herzlich und freundlich begrüßte
und ihre braunen Augen voll großer Güte auf den Kindern ruh-
ten, da verging alle Scheu, und herzhaft klang der Kärntner
Gruß: »Grüaß Gott!«

Dann begann die Sonntagsschule. Laut und hell schallte
es durch den herrlichen Park: »Wen Jesus liebt, der kann allein
recht fröhlich sein und nie betrübt«, oder ein anderes der schönen Lieder, die auch die Kinder gerne sangen.

Eine Gruppe übernahm die Gräfin selbst. Wie sie erzählen konnte! Wie sie Jesus in seiner großen, erbarmenden Liebe schilderte! Gespannt horchten die Kinder zu. Sie spürten, dass hier ein Herz voll Jesusliebe war, das aber auch für sie voll warmer Liebe schlug.

Die Fragen, die die Gräfin stellte, entsprachen dem kindlichen Verständnis, und bald war ein lehrreiches Gruppengespräch im Gange.

Auch die jungen Mädchen, die ihr bei der Gruppenarbeit halfen, versuchten, ihr Bestes zu geben. Sie hatten bereits viel von der Gräfin gelernt. Meist waren es Russizer Mädchen, die bei ihr angestellt waren. – Noch heute denken einstige Treffener Sonntagsschüler voll Dank an das, was sie damals in ihrer Kindheit durch Elvine de La Tour empfangen haben...

Schon sehr bald nach dem Erwerb von Treffen hatte die Gräfin mit der Sonntagsschule begonnen. Es war ihr immer eine heilige Sache gewesen, die sie unter viel Gebet im Auftrag ihres Herrn, seine Lämmer zu weiden, tat, den sie schon sehr früh empfangen hatte. Jede einzelne Stunde war für sie ein Ringen um die Seelen der Kinder. Darum lag auf dieser ersten Arbeit in Treffen, mit der sie ihrem Herrn am Kärntner Volk dienen wollte, auch reicher Segen.

Die Treffener Sonntagsschule blieb nicht die einzige. Auch aus den umliegenden Ortschaften wurden die Kinder gesammelt. »Da kamen viele muntere Kinder und lauschten mit andächtigen Äuglein der frohen Kunde, dass der Heiland auch für sie da sei und ihre Herzen gewinnen wolle, um sie glücklich und selig zu machen«, schrieb sie den Kindern in Deutschland in einem netten Kinderbrief.

Je mehr sie den familiären Verhältnissen ihrer Sonntagsschulkinder nachforschte, desto erschreckender wurde das Bild von den trostlosen Zuständen, in denen große Teile des Kärntner Volkes lebten. Dies alles bedrückte sie sehr.

Der Gedanke, dass hier anders, tiefer greifend der Kampf mit dem Elend und der Verwahrlosung des Volkes aufgenommen werden müsste, ließ sie nicht mehr los.

Aber auch jetzt empfand sie in erster Linie einen Auftrag für die Kinder. Es war etwas Besonderes: so groß die Achtung war, die ihr Erwachsene ihrer würdevollen Erscheinung wegen entgegenbrachten, »*so verstand sie es doch überraschend, Kinderherzen sich geneigt zu machen*«, meinte eine Nichte über sie. Von Kindern wurde sie oft schwärmerisch geliebt. Diese Liebe war sicher das Echo der hingebungsvollen Liebe, die sie selbst für die Kinder im Herzen trug.

Die Sonntagsschule allein konnte dem Elend keinen Einhalt gebieten. Das sah Elvine de La Tour nur zu klar. Musste es da nicht mit dem Wort Gottes so gehen wie mit dem guten Samen, der auf dem festgetretenen Weg sogleich wieder von den Vögeln aufgepickt wird? Der Einfluss auf die Kinder musste stärker, nachhaltiger sein. Da konnte nur eine Schule helfen, in der die Kinder zum Glauben hingeführt werden konnten.

Einst hatte es in Kärnten ein blühendes evangelisches Schulwesen gegeben. Vierunddreißig Schulen sorgten für die Erziehung der Kinder der evangelischen Gemeinden. In den sechziger Jahren des 19. Jahrhunderts wurde das Schulsystem Österreichs umgestaltet. An die Stelle der konfessionellen Schulen sollte die paritätische treten, wobei die Konfession des Schulleiters sich nach dem kirchlichen Bekenntnis der Mehrzahl der Kinder richtete.

Es war klar, wie ungünstig diese Neuordnung für die evangelische Minderheit war, da es nur ganz wenige überwiegend evangelische Gemeinden gab. Evangelische Schulen durften selbstverständlich weiter bestehen, aber nur als Privatschulen, die von den evangelischen Gemeinden finanziert wurden, die zugleich aber auch die staatliche Schulsteuer tragen mussten.

Die Gemeinden scheuten das Opfer, und die evangelischen Schulen gingen ein. Nur der Religionsunterricht wurde weiterhin vom evangelischen Pfarrer erteilt.

Dabei hatte die Schule für die gesamte Entwicklung der Kinder wegen der schlechten Verhältnisse in vielen Familien kaum anderswo eine so große Bedeutung wie gerade in Kärnten. Diese Bedeutung schilderte die Gräfin in einem Bericht an ihre Freunde aus dem Jahre 1893:

»*Es dürfte dem Leser nicht unbekannt sein, wie es mit dem Volke in Kärnten steht, wie groß der Kontrast erscheint, wenn man von dem Äußeren – den wunderbaren Naturschönheiten – in das Innere blickt: die Häuser, Hütten, Familien der Bewohner. Da offenbaren sich wohl die traurigsten Verhältnisse: ein großer Abfall von Gottes Wort und Gebot, mit all dem daraus erfolgenden schrecklichen Elend.*

Keine geheiligten Familienbande halten da Eltern und Kinder zusammen. Das Weib, welches der nicht angetraute Mann nach Willkür verlassen kann, hat meist allein die ganze Kinderlast zu tragen. Als Inwohnerin oder Hausmagd zieht sie mit ihren Kindern von einem Bauernhof zum andern, muss gegen geringes Entgelt ihre Dienste leisten dafür, dass sie mit den Ihren ein Obdach erhält. So findet ein beständiges Wandern statt. Die Kinder werden verwahrlost; der Schulbesuch wird nicht allein einem steten Wechsel unterworfen, sondern bleibt vielfach auch ganz unterbrochen. Anderseits verwildert auch der Mann, welcher durch keine gesetzlichen Verpflichtungen gebunden, die moralischen mit größter Leichtigkeit abstreift. Zu dem liederlichen Lebenswandel gesellt sich noch die Trunksucht, welche in erschreckender Weise nicht allein bei den Männern, sondern auch bei den Weibern um sich greift. Ja, sogar die Kinder wissen die Schnapsflasche zu gebrauchen, welche die Tagelöhnerin in der Tasche mit auf die Arbeit trägt. Nur Gottes Wort, die Lehren des Evangeliums, können dem armen Volke wieder Rettung bringen. Vor allem müssen Gottes Gebote den Kindern neu eingeprägt werden, und da dies in den Familien kaum geschehen könnte, so muss eben die Schule diesen schönen Dienst übernehmen.«

Bereits im Jahr 1891 hatte die Gräfin unter Leitung eines qualifizierten Lehrers eine kleine evangelische Privatschule eröffnet. Wie in Russiz wartete sie auch hier nicht, bis alle äußeren Schwierigkeiten überwunden waren. Sie sah die Not, es wurde ihr Gewissenspflicht zu helfen – und sie handelte.

In einem Nebengebäude des Schlosses fanden sich ein paar Räume, die der Schule eine vorläufige Unterkunft bieten konnten. Bald waren über fünfzig Kinder beisammen, die trotz verschiedener Altersstufen in einer einzigen Klasse zusammengefasst werden mussten. Auch sonst waren die Räume für eine Schule so ungeeignet, dass sie von der Schulbehörde beanstandet wurden.

Der Bau eines Schulhauses wurde unbedingte Notwendigkeit, wenn die Schule leben, wachsen und ihren Dienst an den Kindern Kärntens erfüllen sollte.

Da sie aus eigener Kasse den Bau eines größeren soliden Schulgebäudes nicht tragen konnte, wandte sie sich an ihre Freunde in Deutschland und in der Schweiz mit der eindringlichen Bitte um Hilfe zum Schulbau. Sie schrieb: »*Es ist ja des Herrn, nicht meine Sache; dies gibt mir Mut zur Bitte. Mahnend und köstlich tritt uns gerade da die Verheißung entgegen: Was ihr getan habt einem unter diesen Geringsten, das habt ihr mir getan.*«

Wenn sich auch manche Hand für die Schule in Treffen auftat, so reichten doch die eingegangenen Spenden bei weitem nicht aus. Da entschloss sich Elvine de La Tour zu einem persönlichen Opfer. Sie verkaufte ihren wertvollen Perlenschmuck, um die nötigen Mittel für den Schulbau zu beschaffen.

Im August 1894 wurde der Grundstein zur neuen Schule gelegt. Am Ende des Parkes fand sich ein geeigneter Bauplatz. Ein hübsches Gebäude entstand, das Raum bot für drei geräumige Klassenzimmer und mehrere Lehrerwohnungen.

Im Herbst 1895 konnte die Schule in ihr neues Heim übersiedeln. Schon von außen erkannte man seine Bestimmung. Der Eckstein trug die Inschrift: »*Weiset meine Kinder und das Werk meiner Hände zu mir.*« »*Gewidmet den Kindern Kärntens.*«

Über der Eingangstür aber, die mit einem alten Ornament aus der einstigen Kaiserstadt Aquileja geschmückt war, konnte man lesen: »*Einer ist euer Meister, Christus.*« Und daneben: »*Die Furcht des Herrn ist der Weisheit Anfang.*«

Sehr zur Freude der Gräfin wurde ihren beiden evangelischen Schulen, sowohl der in Treffen als auch der in Russiz, um ihrer hervorragenden Leistungen willen die staatliche Anerkennung, »das Öffentlichkeitsrecht«, wie man in Österreich sagt, verliehen.

»*Ihre Schule sieht ja wie ein Schmuckkästchen aus*«, bemerkte einmal ein Schulrat der Direktorin gegenüber.

»*Unsere Schule ist auch ein Schmuckkästchen*«, erwiderte diese. »*Sie ist aus dem Erlös eines Perlenschmuckes gebaut. Der Gedanke an die Opfer und Schwierigkeiten der lieben Gründerin ist uns ein Ansporn, uns ihrer durch Treue und Hingabe wert zu erweisen.*«

Wie oft war die Gräfin de La Tour nach der Übersiedelung der Schule ins neue Heim durch den schönen Park mit seinen uralten Bäumen und lauschigen Hecken gewandert, um ihr »*ältestes Treffener Kind*«, diese Schule, zu besuchen. Mit regem Verständnis nahm sie an allem teil, was ihr berichtet wurde, wohnte oft den Unterrichtsstunden bei und freute sich sehr, wenn man ihr von unterrichtlichen oder erzieherischen Fortschritten der Kinder erzählen konnte.

Auch um das körperliche Wohl der Kinder war sie immer sehr besorgt. Sie wusste ja nur zu gut, aus welch elenden Verhältnissen die Kinder oft kamen, und dass viele sich jeden Schulweg mühsam erkämpfen mussten. Da hieß es im Winter, in der eiskalten ungelüfteten Stube schon beim Morgengrauen aus dem Bett zu steigen, um rechtzeitig zur Schule zu kommen. Oft war das Stapfen durch den tiefen Schnee viele hundert Meter den Berg hinunter und dann später auf dem Heimweg wieder bergauf entsetzlich mühsam! Wie oft hatte es noch dazu kein warmes Frühstück gegeben! Mit nassem Schuhzeug und blaugefrorenen Händen kamen viele Kinder im dünnen Röckchen in der Schule an. Es war ein Anblick zum Erbarmen, der dem mütterlichen Herzen der Gräfin sehr weh tat. Ja, man darf wohl sagen, sie litt innerlich mit den armen Kindern mit.

»*Ganz am Anfang meiner hiesigen Arbeit*«, erzählte die Direktorin, »*hatte ich einen sehr elend aussehenden Knaben in der Klasse. Ich wusste noch nicht, dass man auch mit solchen äußerlichen Anliegen zu Frau Gräfin kommen darf. Da machte sie einen Schulbesuch und bemerkte das kranke Kind. Sie war außer sich, dass ich ihr das nicht gemeldet hatte. Es durfte sofort zum Essen ins Schloss kommen. Leider war auch durch die kräftige Ernährung dem Knaben nicht mehr zu helfen, da er schwere Tuberkulose hatte. Wie ernst hat sie mich damals verpflichtet, ihr solch blasse Kinder sofort zu melden!*«

Wie in Russiz hatte die Gräfin auch in Treffen das Glück, sehr verantwortungsbewusste Lehrkräfte an ihrer Schule zu haben, die ganz in ihrem Sinn mit völliger Hingabe und großer Treue die schwere Arbeit an den notleidenden Kindern Kärntens taten.

Dem langjährigen Rektor Adolf Stiassny folgte in der Leitung der Schule Frau Maria Westphal. Sie war lange Zeit Mitarbeiterin von Pfarrer D. Zöckler in Stanislau gewesen und seit dem Jahr 1914 an der Schule tätig. Um der erfolgreichen Leistungen der Schule willen erhielt Frau Westphal von der Landesschulbehörde den Titel Direktorin, eine Anerkennung, die auch der Gräfin nach den jahrelangen Kämpfen um diese evangelische Schule sehr wohl getan hätte.

Der Gräfin war es ganz klar, welch schwere Aufgabe den Lehrkräften bei der Erziehung dieser Kinder gestellt war. Darum war es ihr auch ein besonderes Anliegen, sich die rechten Mitarbeiter an ihren evangelischen Schulen von Gott schenken zu lassen. Sicher hat sie sich in heißem Gebetskampf einen jeden von ihnen erobert, wenn wir so sagen dürfen. In einem Fall wird uns das noch besonders deutlich werden.

Wenn sie dann erkannt hatte, dass eine Person der von Gott geschenkte Mitarbeiter war, hielt sie auch mit großer Treue an ihm fest. Ja, sie konnte so herzlich bitten, die Arbeit doch nicht zu verlassen und weiter für die Kinder da zu sein, dass sie dadurch manchen anderen Plänen einen Riegel vorschob.

Wie sie es über die Eingangstüre der Schule geschrieben hatte, sah sie die Arbeit an den Kindern als Auftrag ihres Meisters Christus an. Auch ihre Mitarbeiter sollten ihre Arbeit als Dienst für diesen Meister tun.

Endlich erhörte Fürbitte

Dreißig Jahre habe ich für meinen Mann gebetet, äußerte die Gräfin hin und wieder vertrauten Freunden gegenüber. Diese Fürbitte gehört mit in ihre Lebenslinie hinein. Ja vielleicht lag sogar in dem Kampf, den sie in diesem persönlichen Lebensbereich zu führen hatte, eine der Kraftquellen ihres Glaubens. Es gab verschiedene Phasen in diesem Kampf. Als Braut und junge Frau hatte sie gemeint, die Festung im Sturm nehmen zu können und Hand in Hand mit ihrem Mann in tiefer Lebensgemeinschaft dem ewigen Ziel entgegenzugehen.

Aber es war anders gekommen. Sie hatte bald gemerkt, dass gar keine Festung einzunehmen war, dass da keine entschiedene Ablehnung war, sondern der Widerstand bestand eher in einer inneren Gleichgültigkeit, die oft genug auf ein liebenswürdiges Jasagen hinauslief. Aber sie erkannte schmerzlich, dass hinter diesem Ja kein festes Herz und kein entschlossener Wille stand, mit ihr auch im Letzten und Tiefsten gemeinsam den Lebensweg zu gehen.

Aufgrund einiger Äußerungen können wir auf den heißen inneren Kampf schließen, den sie diese Erkenntnis gekostet hat. Immer mehr musste sie es lernen, das eigene Wesen Gott restlos auszuliefern, alles eigene Tun und Wollen aufzugeben und Gott allein Zeit und Stunde der Erhörung zu überlassen.

»*Er, unser Herr und Heiland, wartet darauf, dass wir diesen Weg betreten*«, schrieb sie einmal, »*um uns zeigen zu können, wie groß seine Macht ist und wie gerne Er hilft und Gebete erhört.*«

Endlich kam die Stunde der Erhörung auch für dieses anhaltende Gebet. Aber sie kam anders, als die Gräfin es sich gedacht hatte. Nicht zu neuer Lebensgemeinschaft auf Erden erhielt sie ihren Mann geschenkt, nur seinem Eingang ins ewige Leben durfte sie nachschauen. Aber sie hatte es gelernt, auch zu diesem Weg ja zu sagen und das Leben als Witwe aus Gottes Hand zu nehmen.

Dem weiteren Ausbau der Arbeit seiner Frau durch die Sonntagsschulen und die Schulgründung in Treffen hatte der Graf nichts in den Weg gelegt. Er bat nur darum, dass alles vermieden würde, was erneute Schwierigkeiten mit den Behörden verursachen könnte. Er war gern in Treffen. Die herrlichen Wälder boten die schönsten Möglichkeiten zum Jagen. Hoch oben in den Bergen konnte er manchen Gemsbock erlegen. Auch die Gräfin genoss die Stille des Gebirgswaldes und zog sich gern, wenn es ihre Zeit erlaubte, in die hoch gelegene Jagdhütte auf der Verdiz zurück, einem der Berge, an dessen Abhängen ein Teil der Waldungen von Schloss Treffen lag.

Im Jahre 1894 erlitt der Graf wieder einen Rückfall seines alten Nierenleidens. Die Krankheit trat diesmal sehr heftig auf. Er war sich von Anfang an klar darüber, dass er von diesem Krankenlager nicht mehr aufstehen würde. Völlig gefasst sah er dem Tod ins Auge.

Die Gräfin bat ihren treuen Freund, Pfarrer Schwarz aus Waiern, zu kommen. Es war ihm möglich, noch manches seelsorgerliche Gespräch mit dem Kranken zu führen, und er fand ihn sehr aufgeschlossen für das Evangelium.

Als der Graf fühlte, dass es mit ihm zu Ende ging, ließ er alle Hausbewohner kommen und bat jeden Einzelnen um Vergebung für alles, worin er sie falsch oder schlecht behandelt haben sollte, und nahm von allen Abschied.

Sein letzter Wunsch war: »Beten!«

Als gläubiger Christ ging er in die Ewigkeit ein, und die Gräfin wusste, dass ihr Gebet endlich Erhörung gefunden hatte!

Die Beerdigung hatte noch einen sehr bitteren Beigeschmack für sie. Der Graf hatte in seinem Testament bestimmt, dass er evangelisch beerdigt werden wollte. Da er aber nicht rechtlich zur evangelischen Kirche übergetreten war, war das nach österreichischen Gesetzen nicht möglich. Die katholische Kirche wollte ihr vornehmes einstiges Mitglied auch im Tod nicht loslassen. Zwar nahm Pfarrer Schwarz, der der Gräfin in diesen schweren Tagen beistand, im Schloss Treffen die Einsegnung vor, dann aber wurde die Leiche des Grafen nach Görz überführt und vorläufig nach katholischem Ritus im Ritterschen Erbbegräbnis beigesetzt.

Die dauernde Ruhestätte sollte im Mausoleum sein, das die Gräfin in Russiz errichten ließ. Dort hoffte auch sie einmal neben ihrem Gatten bestattet zu werden. Einen wunderschönen Platz hatte sie dazu ausersehen. Das Mausoleum war fertig – ein schlichter, würdiger Rundbau, innen geschmückt mit einer edlen Christusfigur. Die Weihe des Mausoleums sollte mit der Einweihung eines Erweiterungsbaus der Schule – ein einfacher Andachtsraum wurde noch angebaut – verbunden werden. Am 2. Dezember 1898, dem fünfzigjährigen Regierungsjubiläum Kaiser Franz Josephs, fand die Weihefeier des Saales statt. Hofprediger D. Stöcker hielt die Festrede zu dem Wort: »Heute ist diesem Hause Heil widerfahren.« Am Abend vorher war die Grabkapelle durch Schwarz aus Waiern geweiht worden. Aber vor der Überführung des Sarges erhoben sich unerwartete Schwierigkeiten. Die katholische Kirche legte Einspruch ein. Als Katholik sollte er nicht in einem Mausoleum beigesetzt werden, das nicht nach katholischem Ritus geweiht worden war.

Die Gräfin war entschlossen, nicht nachzugeben. Über die von ihr als evangelischer Christin erbaute Ruhestätte hatte die römische Kirche nicht zu bestimmen! Außerdem war ihr der letzte Wille ihres Mannes heilig. Als evangelischer Christ war er gestorben. Davon sollte auch seine letzte Ruhestätte Zeugnis geben.

Und so nahm sie in diesem Fall wieder einmal den Kampf gegen die römische Kirche auf. Allerdings war es ein ungewohnter Weg, den sie einschlug, um ihr Ziel zu erreichen:

Dazu zog sie die gesamte, ihr restlos ergebene Dienerschaft ins Vertrauen. Eines Nachts, während die Stadt in tiefem Schlaf lag, hielt ein Leichenwagen vor dem Ritterschen Erbbegräbnis in Görz. Ein Sarg wurde hinausgetragen und auf den Wagen gehoben, der dann die Straße nach Westen in Richtung Russiz hinunterfuhr. Etwa zwei Stunden später war das Schloss erreicht, und eine Schar von Männern stand schon bereit, um den Sarg zum

Mausoleum hinaufzutragen. Die Gräfin und ihre Gäste folgten dem Sarg. Oben wurde er in die gemauerte Gruft hinabgelassen und diese geschlossen.

Als die nächtliche Überführung bekannt wurde, gab es natürlich eine große Aufregung unter der katholischen Geistlichkeit über die Niederlage, die sie erlitten hatte. Die Gräfin fragte nicht viel danach. Sie hatte ihr Ziel erreicht: Für alle Welt war nun sichtbar, dass ihr Mann nicht zur katholischen Kirche gehörte. Seinen letzten Willen hatte sie erfüllt!

Dieser Kampf und sein Ausgang waren bezeichnend für ihren Charakter. Wo sie ein Ziel ins Auge gefasst hatte, ging sie unbeirrt mit eiserner Entschlossenheit ihren Weg, ließ sich nicht einschüchtern und entmutigen, sondern ging allen Widerständen zum Trotz weiter, bis das Ziel erreicht war.

»Weide meine Lämmer«

Im Buch des Propheten Hesekiel gibt es ein ergreifendes Bild. Die Sünde nimmt überhand, und das Gericht droht. Vorher aber hält Gott noch Umschau im Lande. Er sucht, ob jemand da ist, der sich der Sündenmacht entgegenstellt, der selbst in den Riss der Mauer tritt, um mit Hingabe des eigenen Lebens die Gerichtsfluten aufzuhalten. »Aber ich fand keinen!«, lautete das erschütternde Urteil (Hes 22, 30).

Ist das nicht ein Vorgang, der sich in der Geschichte immer wiederholt? Ehe das Gericht kommt, sucht Gott Leute, die bereit sind, sich selbst zum Opfer darzubringen, die, wie einst der Schweizer Held Arnold von Winkelried, die eigene Brust den Speeren der Feinde darbieten, um die Brüder zu retten. Wo sich solche Menschen finden, da kann das Gericht wohl noch aufgehalten werden, aber auf solchen Kämpfern Gottes liegen schwere Lasten, unter denen sie fast zusammenbrechen. Ihr Weg führt durch Kampf und Dunkel, ja es geht für sie gar unter dem Kreuz bis nach Golgatha hinauf. Aber das Sterben auf Golgatha bedeutet Sieg, bedeutet Auferstehung zu neuem Leben.

Können wir nicht in der Gräfin de La Tour solch einen Menschen sehen, wie Gott ihn für das Kärntner Volk suchte? Einen Menschen, der in den Riss trat?

Gewiss war sie nicht vollkommen. Sie war »*ein Mensch mit ihrem Widerspruch*«. Ja, es gab sogar schwere »Widersprüche« in ihrem kraftvollen Charakter, die das Arbeiten mit ihr oft sehr erschwerten.

Aber trotz dieser »Widersprüche« – wir kommen noch einmal darauf zurück – hatte ihr Wirken doch nur ein Ziel, ihr Wollen nur eine Richtung, ihr Leben doch nur einen Inhalt. Das war der Dienst für den Herrn, das war das Verlangen, Menschen zu gewinnen, die sonst in Elend und Finsternis verloren gingen, das war die Sehnsucht, etwas von seiner Liebe hinausstrahlen zu lassen in ihre dunkle Umgebung. Dass dieser Dienst viel Kampf und viele Opfer forderte, ist keine Frage. »Ich will ihm zeigen, wieviel er leiden muss um meines Namens willen« (Apg 9, 16). Das galt nicht nur für den Weg des großen Apostels Paulus, das gilt auch für jeden Christen, der sich von Gott gebrauchen lässt.

In dem Sinne schrieb die Gräfin selbst im Rückblick auf schwere Erfahrungen: »*Wenn ich auch versucht wäre, bei manch schwerer Heimsuchung, die mir nicht erspart war, zu sagen: Dies kam von unten, da haben feindliche, ungöttliche Mächte mitgewirkt, so will ich doch lieber bekennen: Es kam alles von ›oben‹, denn auch das, was mir Leid bereitete, hat dazu dienen müssen, das ungöttliche Wesen immer mehr abzulegen und den Zug zu verstärken, der mich immer fester mit dem himmlischen Vater und meinem Heilande verknüpfen sollte. Wir dürfen und sollen uns doch freuen, wenn unseres Gottes Heils- und Liebesabsicht stets mehr an uns erreicht und sein Name verherrlicht wird.*«

*

Die Aufgabe der Gräfin an ihrem Mann war erfüllt, die drei Jahrzehnte dauernde, anhaltende Fürbitte war erhört worden. Nun hatte Gott sie für weitere Aufgaben freigemacht, die auf sie warteten. Seit sie sehend geworden war für die innere und äußere Not des Kärntner Volkes, war ihr das Helfen heilige Gewissenspflicht geworden. Und da gab es kein Stehenbleiben! Die Not merkt sehr schnell, wo sich ein Helfer findet, und eine getröstete Not zieht die andere zum Tröster hin. So wuchs die Zahl der Bewohner des Heims, das aus der Not heraus entstanden war, und nach kurzer Zeit schon hieß es meist: Wir haben keinen Platz mehr! Wo bekommen wir weiteren Raum her?

Die Not war es, die die Gräfin immer wieder zum Weitermachen drängte. »*Dennoch hat sie keinen Schritt in der Entwicklung ihrer Arbeit unternommen, bei dem sie nicht festen Grund unter den Füßen fühlte. Wo sie aber des Willens Gottes glaubte gewiss zu sein, da ging sie unaufhaltsam vorwärts«* (D. Heinzelmann), da ließ sie sich nicht von ihrem Weg abbringen, weder durch Anfeindungen der Gegner noch auch durch Bedenken der Freunde. Sie wusste um ihren Auftrag. Den musste sie ausführen.

*

Mit der Errichtung der Schule war die Versorgung der Hilfsbedürftigen noch lange nicht abgedeckt. Ja, gerade durch die Berührung mit den Schulkindern bekam die Gräfin Einblicke in die trostlosen Familienverhältnisse. Da hörte sie vor allem auch von den kleinen Geschwistern, die zu Hause ohne Aufsicht waren, wenn die Mutter zur Arbeit ging. Wie oft kam es da zu einem Unglücksfall! Wie viel schlechten Einflüssen waren die Kleinen ausgesetzt!

Die Gräfin wurde innerlich gedrängt, einen weiteren Schritt zu tun und auch für diese Kleinsten zu sorgen. Sie erbat sich eine Schwester aus dem Vandsburger Diakonissenhaus, die die Kleinen tagsüber betreuen sollte. Das österreichische Diakonissenmutterhaus Gallneukirchen war damals erst in den Anfängen und hatte noch nicht die Möglichkeit, allen Anforderungen zu genügen.

Etwa zehn Minuten vom Schloss entfernt auf der anderen Seite des Treffener Baches, den die Ortsbevölkerung den »Bach aus der Gegend« nannte, lag der mächtige Gerlitzen, ein großes Lokal. Einige Jahre nach dem Tod ihres Mannes erwarb es die Gräfin in der Absicht, hier die Räumlichkeiten für Evangelisation und Gemeinschaftsstunden zu schaffen. Daher wurde das Haus später das »Vereinshaus« genannt.

Im Erdgeschoss wurde nun ein Raum für die Kindertagesstätte eingerichtet, wo etwa fünfzig Kinder unter der Aufsicht der Diakonisse beisammen waren. Zu Mittag erhielten sie eine Suppe, am Abend wurden sie von den Müttern wieder abgeholt. Wie wichtig es war, dass hier die ersten Grundlagen der Erziehung gelegt wurden, die den Kindern, von denen so viele überhaupt kein Elternhaus hatten, meist fehlten! Wie wohltuend war es dann für den Lehrer, wenn die Kinder, die durch die Tagesstätte gegangen waren, bereits eine gesunde Erziehungsgrundlage mitbrachten.

Aber die Tagesstätte war nur der erste Schritt. Die Not drängte zu weiteren Schritten.

Wie so oft in der Geschichte war es auch hier ein einzelner Fall, der den ersten Anstoß zur Gründung eines Heimes für Kleinkinder gab. Ein fünf Wochen alter Säugling war von seiner Mutter verlassen worden, und das alte Ehepaar, bei dem der Säugling untergebracht war, wollte das Kind auch nicht mehr behalten. Sie selbst erzählte darüber:

»An einem kalten Wintertag suchte ich mit Schwester Johanna (der Hortschwester) im Dorfe Seebach das damals etwa fünf Wochen alte Kind auf. Wir fanden es bei älteren Leuten in einer ärmlichen und unreinen Kammer, wo unter allerlei Gerümpel auf armseligen Lagerstätten etliche ganz kleine, teilweise epileptische Kinder lagen ... Gegen eine monatliche Entlohnung von höchstens acht Kronen finden solche bedauernswerte Wesen Aufnahme bei Leuten, die zu anderem Erwerb nicht mehr fähig und damit eine Hilfe zur eigenen Erhaltung suchen. Wie mag die Verpflegung da wohl beschaffen sein?! Die kleine Olga wenigstens war voll Wunden und halb verhungert. Nachdem wir uns überzeugt, dass wir sie wirklich herausgefunden hatten, nahmen wir sie aus den unreinen Lumpen heraus, hüllten sie in ein großes Tuch; im Schlitten fuhren wir nach Hause. Da staunten die übrigen Kinder und berichteten ihren Müttern: ›Frau Gräfin hat Schwester Johanna ein Kind geschenkt, das sie aus dem See – andere sagten aus dem Bach – gezogen.‹ Die kleine Olga hat sich bei sorgsamer Pflege kräftig entwickelt, ist gar munter und fröhlich, und Schwester Johanna hat nun auch einen Karl, Hans und Jakob, ebenso verlassene Kinder, dazubekommen.«

Das war der Anfang des Säuglingsheimes.

In den Jahresberichten wurden manche ergreifende Schicksale von Kindern aufgezeichnet. Einmal kam eine Frau aus einem Nachbardorf im Wagen angefahren und übergab der Schwester ein in einen alten Teppich eingewickeltes Bündel. Es war ein verwahrlostes kleines Baby, das die Schwestern für drei Monate alt hielten. Später stellte sich heraus, dass es bereits acht Monate alt war. Die Frau hatte es völlig verlassen am Waldrand gefunden. Auf die Frage, wie das Bübchen heißen solle, riefen die Kinder einstimmig:»Moses!« Sie hatten soeben die Geschichte von Mose gehört, wie er aus dem Wasser gezogen worden war. Die Gräfin entschied allerdings anders. Sie wählte in sinniger Weise die Namen Petrus Waldemar Waldus.

Allerdings behielt er diese Namen nicht. Als er sich zu einem gesunden, kräftigen kleinen Jungen entwickelt hatte, meldete sich die Mutter. Da sie der Tagesmutter über längere Zeit nichts hatte bezahlen können, hatte diese das Kind einfach am Wald ausgesetzt.

Nun erklärte die Mutter, sie wolle ihren kleinen Franz Joseph, wie er getauft war, näher an ihrem Arbeitsplatz haben und wolle ihn daher einer anderen Tagesmutter übergeben. Man konnte der Mutter das Kind nicht vorenthalten, aber es dauerte kaum acht Tage, da stand sie wieder mit dem Kind auf dem Arm vor der Tür und bat darum, doch das Kind wieder aufzunehmen, die Tagesmutter wolle es nicht behalten, weil es so viel schreie. Das arme kleine Wesen war kaum wieder zu erkennen, so hatten es die acht Tage ohne die gewohnte Pflege verändert. Als die Schwester das Kind waschen wollte, prallte sie entsetzt zurück: Der ganze kleine Körper war von fetten grauen Läusen bedeckt, die sich gierig auf die frische Beute gestürzt hatten. Da war das Schreien des Kindes natürlich kein Wunder!

Dies sind Beispiele des erschütternden Elends, das die Gräfin unter den Kindern vorfand. Ihr großes Anliegen war es, nicht nur dem einzelnen Kind zu helfen, sondern die Quelle zu verstopfen, aus dem dieses Elend floss.

In einem Jahresbericht aus späterer Zeit schrieb sie darüber:

»Es ist schon lange her, dass ein beredter Prediger nach Treffen kam und im Schloss unter großem Zulauf Ansprachen an das Volk hielt. Da sagte er unter anderem, wie sehr es ihn betrübe, dass es so viele Witwen in Kärnten gäbe, doch nicht solche, deren Männer durch den Ruf des Herrn aus diesem zeitlichen Leben schieden, sondern solche, welche sich in der Sinnen- und Sündenlust dem Manne ergeben haben und dann von diesem aus Überdruss oder Not verlassen werden. – Ich sah damals viele Tränen fließen und konnte nur

mit tiefer Trauer bestätigen, dass ein schwerer Notstand unser armes Volk bedrücke. Ja, es gibt viele solche armen Weiber, die, ganz allein stehend, um die eigene und ihrer Kinder Existenz ringen müssen. Um den Dienst, in dem sie als Mägde und dergleichen stehen, nicht einzubüßen, sind sie genötigt, schon den Säugling fremden Händen anzuvertrauen. – Wird es aber dahin kommen, dass die abgestumpften Gewissen erwachen, und die Leute es erfassen, dass eine nach Gottes Gebot geführte, daher geheiligte Ehe zum Segen des Staates und des Volkes dienen muss, dann wird auch das Kinderelend in unserem Lande abnehmen.«

Solche Ehen zu stiften, sah die Gräfin auch als eine wichtige Aufgabe an. Sie scheute keine Mühe, um wild zusammenlebende Paare zur Trauung zu bewegen oder vorübergehende Verhältnisse in feste Bindungen zu verwandeln.

Dabei musste sie oft starke Widerstände überwinden. Der Mann fand es meist viel bequemer,»»eine Ehe auf Probe« zu führen, wie die Leute oft sagten, die ihm keine lebenslängliche Verantwortung auferlegte, als die Verantwortung für Frau und Kinder zu übernehmen.

Aber auch von den Eltern des Mädchens war die Einwilligung zur Trauung oft nur schwer zu erlangen, selbst wenn ihre Tochter bereits mehrere Kinder von dem betreffenden Mann hatte. Auch sie fürchteten die Bindung ihrer Tochter an einen Mann, zu dessen Charakter sie kein rechtes Vertrauen hatten, oder der der Bauerntochter nicht ebenbürtig war. So sahen sie es lieber, wenn sie mit den Kindern bei ihnen blieb oder einen Dienst annahm.

Wie viel Mühe, wie viel Überredungskunst, vor allem aber wie viel Fürbitte kostete es die Gräfin oft, bis sie ein Paar, für das sie sich verantwortlich fühlte, dahin brachte, sich trauen zu lassen. Wenn es dann gelang, so war wohl kaum jemand erleichterter darüber als sie. Sie schenkte der Braut das Hochzeitskleid, richtete meist auch die Hochzeit im Vereinshaus aus und hatte auch weiterhin ein wachsames Auge über diese von ihr gestifteten Ehen.

Ein Fall war besonders bezeichnend. Eine Viehmagd, die aus einem nicht allzu fernen Gebirgsdorf stammte, hatte von einem

Angestellten auf dem Gut zwei Kinder. Dieses Verhältnis war der Gräfin ein großer Kummer, und sie drängte auf eine Trauung. Die jungen Leute waren einverstanden, aber die Eltern des Mädchens, angesehene Bauern, wollten nichts davon wissen. Ihr Bauernstolz empörte sich gegen die Heirat mit einem besitzlosen Mann, an dessen Charakter sie auch noch manches auszusetzen hatten, umso mehr, als er zum Trinken neigte.

Da machte sich die Gräfin auf den beschwerlichen Weg zum Bauernhof hinauf. Ihr persönliches Erscheinen überwand den Widerstand der Eltern.

Wo Frau Gräfin ihr die Ehre angetan hätte, selbst zu kommen, könne sie doch nicht nein sagen, erklärte die Mutter, aber mehr als ihre Einwilligung könne man nicht von ihr verlangen. Mit der Hochzeit wolle sie nichts zu tun haben.

Darüber brauchte sie sich auch keine Sorgen zu machen. Die Fürsorge für das junge Paar übernahm die Gräfin. Die junge Braut bekam ein schönes Hochzeitskleid, die Hochzeit wurde besonders schön und festlich gestaltet.

Nicht lange danach bekam die Gräfin einen Brief von der Mutter der jungen Frau. Sie sehe, schrieb sie, wie gut es die Frau Gräfin mit ihrer Tochter gemeint habe, und bäte um Vergebung, dass sie so hart und abweisend gewesen sei. Sie danke auch vielmals für alles, was die Gräfin an ihrer Tochter getan habe, besonders für die vornehme Hochzeit.

Als die Gräfin den Brief einer Mitarbeiterin zeigte, bemerkte sie, sie habe sich selten so über ein Schreiben gefreut wie über diesen Brief der Mutter aus den Bergen.

Das Vertrauen, das sie in die jungen Leute gesetzt hatte, wurde nicht enttäuscht. Die beiden führten eine gute Ehe. Ja, noch mehr! Durch Fleiß und Sparsamkeit arbeiteten sie sich empor und ernteten allgemeine Achtung und Anerkennung.

Das Säuglingsheim, das ihr immer wieder ihre Verantwortung nicht nur für die Kinder, sondern auch für die Mütter und Väter vor Augen stellte, wurde eines ihrer »liebsten Kinder«, wie sie ihre sozialen Einrichtungen gerne nannte. So oft es ihr möglich war, hielt sie sich bei diesen Kleinen auf, die nicht die mindeste Scheu vor ihr hatten, und diese Zeiten brachten ihr persönlich immer eine wunderbare Entspannung.

Die Räumlichkeiten des Kleinkinderheimes bereiteten ihr manche Sorgen. In dem ersten Unterkunftsraum im Vereinshaus strömte einmal das Wasser einen ganzen Tag lang als Bach durch die Küche, und in den anderen Räumen tropfte das Wasser von den Wänden. Da entschloss sie sich, in einem Nebengebäude ein weiteres Stockwerk auszubauen. Ihr Bericht darüber ist bezeichnend für die große Gewissenhaftigkeit, mit der sie jeden weiteren Schritt, den sie unternahm, vor Gott prüfte.

Sie schrieb: »*Da die Schwester und ihre Lieblinge viel leidend waren, ließ mir der Gedanke, ihnen zu einer besseren, gesünderen Wohnung zu verhelfen, keine Ruhe. Der Herr erhörte meine Gebete und gab mir Sicherheit und Zuversicht, mich zu einem Ausbau eines Heuschuppens zu entschließen. Ein besonders trockener Sommer hatte mitgeholfen, dass die neu hergestellten Zwischenmauern rasch trockneten, und so konnte am 28. Oktober (1906) die Einweihung des neuen Kinderheimes stattfinden. So hat auch da der Glaube siegen dürfen durch des Herrn Gnade.*«

Neue Arbeitszweige

Die Not der Kinder war nicht die einzige der großen Nöte Kärntens. In einem Land, dem die Grundlagen eines gesunden Familienlebens in unzähligen Fällen fehlten, waren einfach alle Altersstufen davon in Mitleidenschaft gezogen. Am meisten aber waren es neben den Kindern, die noch nicht für sich sorgen konnten, die Alten, die nicht mehr für sich sorgen konnten, an denen sich die schlimmen Zustände am meisten auswirkten. Altenheime oder Armenhäuser gab es nicht. Die Fürsorge der Ortsgemeinden für die besitzlosen Alten bestand darin, dass sie sie den einzelnen Bauernhöfen zuteilten, sie dort »einlegten«. Aber nur für zwei Wochen fanden die armen alten »Einleger« dort ein Obdach. Meist war es auch nur ein Winkel in einem Stall oder einem Schuppen. Dann hieß es, weiterziehen, immer in Begleitung der ärgsten Feindin, der Schnapsflasche, die sie ja doch für eine unentbehrliche Freundin hielten, bis endlich der Tod dieser mühseligen Wanderung ein Ende setzte. Oft genug kam es vor, dass die alten schwachen Leute den nächsten Hof, der vielleicht hoch oben in den Bergen lag, überhaupt nicht mehr erreichten und irgendwo am Wegrand niedersanken, um nicht mehr aufzustehen. – Auch diese Not griff der Gräfin ans Herz. Das heilige Muss eines Jüngers Jesu: »Ich muss wirken, solange es Tag ist«, ließ ihr keine Ruhe. Den alten »Einlegern« musste geholfen werden!

Von dem Eindruck, den sie von dieser Not bekommen hatte, erzählte sie ein erschütterndes Beispiel:

»Letzten Sommer« (1905), schrieb sie, »meldete man mir, dass in der nächsten Ortschaft in einem Schweinestall ein armes Weib liege. Ich begab mich alsbald dahin, konnte nur halb kriechend in den ganz niederen Stall hinein, und musste mich, um mit der Kranken zu sprechen, neben dieselbe auf die Streu, da sie lag, setzen. *Nachdem sie mir ihr schweres Leid geklagt, und ich die Unmöglichkeit sah, sie in diesem bedauernswerten Zustand zu belassen, ließ ich sie von einer Magd, welche gerade mit einem Handwägelchen vorüberkam, aufladen und in das Vereinshaus führen, wo sie bald überglücklich und dankbar auf reinlichem Lager gebettet lag. Bald darauf starb das arme Weib.*«

Mit dem Gedanken, für diese Alten ein Zuhause zu schaffen, erwarb die Gräfin gleich nach der Jahrhundertwende (1903) einen Bauernhof, dem sie den schönen Namen Herrnhilf gab. Er lag etwa eine halbe Stunde vom Schloss entfernt in Richtung Ossiacher See. Die Mittel dazu waren ihr zum Teil durch Sammlungen von Pastor Samuel Keller zur Verfügung gestellt worden, der während eines Aufenthaltes in Kärnten die gesegnete Arbeit der Gräfin kennen und schätzen gelernt hatte.

In Herrn Ziegler, einem Württemberger, hatte sie einen Hausvater für den neuen Arbeitszweig gewonnen, dem sie in vollem Vertrauen, dass er das Werk in der rechten Gesinnung weiterführen würde, das Amt übergeben konnte.

Am Jahresfest, dem 15. August 1904, wurde die erste Einlegerin, eine 92 Jahre alte Frau, aufgenommen. Aber auch hier hieß es wieder einmal:»Der Mensch denkt und Gott lenkt!« Die Aufgabe von Herrnhilf sollte eine völlig andere werden, als zuerst geplant war. Wie das kam, berichtete Hausvater Ziegler:

»Die nächsten Einleger waren wesentlich jünger«, schrieb er, *»nämlich zwei Knaben, verlassene Halbwaisen, im Alter von drei und fünf Jahren. Der Herr bedient sich nun dieses Hauses in unsern eigenen Absichten nahezu entgegengesetzter Weise. Während wir ein Haus für alte Leute einrichten wollten, schickt er uns weit mehr Kinder als alte Leute zu; und doch hat niemand im Lande bekannt gemacht, dass hier Kinder aufgenommen werden. Als der Hausvater gefragt wurde, ob er bereit sei, zwei Knaben aufzunehmen, und er freudig ja sagte, ahnte er nicht, dass dies der Anfang einer vollständigen Knabenanstalt werden sollte. Scherzweise sagte ich zu meiner Frau: ›Wir werden das kleine Zimmer, in dem die beiden Buben untergebracht sind, Kinderzimmer heißen‹, und heute ist fast das gan-*

ze Haus voller Kinder. Wir waren genötigt, die alten Leute in ein anderes Haus umzuquartieren.«

Damit war dem Haus, ohne dass jemand es damals geahnt hatte, der Weg seiner zukünftigen Entwicklung gewiesen: Aus einem geplanten Altenheim wurde ein Kinderheim für Jungen, das mit der Zeit der Mittelpunkt der Einrichtungen wurde.

Aber auch die alten Leute sollten nicht zu kurz kommen. In den ersten Jahren wurde in der Form eine Lösung gefunden, dass die ganz schwachen und pflegebedürftigen Alten an das Vereinshaus abgegeben wurden, wo eine Vandsburger Schwester für sie sorgte. Die noch arbeitsfähigen alten Leute blieben vorläufig in Herrnhilf, da sie keine allzu schwere Belastung für die Hauseltern darstellten, die mit der Erziehung der Jungen alle Hände voll zu tun hatten.

Zu der Familie in Herrnhilf kam bald noch eine zweite in einem benachbarten Hof hinzu, den die Gräfin ebenfalls kurz darauf für ihr Werk erwarb. Er bekam den Namen Elim, diente später eine Zeitlang als Wohnung der Evangelisten, dann wurde das Altenheim darin eingerichtet.

Sowohl mit dem Heim für die Alten wie auch vor allem mit dem Beginn der Arbeit an den Jungen hatte die Gräfin neue große Aufgaben übernommen, deren Tragweite noch gar nicht abzusehen war. Seelisch erforderten beide Arbeitszweige, so verschieden sie waren, viel Kraft.

Die Arbeit unter den Alten legte den Mitarbeitern manche schwere Geduldsprüfung auf. Es ist ja leider nicht so, dass das Alter dankbar macht oder dass mit dem Einzug in ein freundliches Heim die Tür zugleich gegen die Unzufriedenheit verriegelt wurde. Manche der Alten konnten sich nicht an die neue Ordnung und Sauberkeit gewöhnen. Das notwendige Bad erregte Schrecken und Entsetzen. Vor allem aber vermissten viele ihre geliebte Schnapsflasche, ohne die sie sich ein Leben kaum denken konnten. So musste man manche von diesen Armen, wenn auch schweren Herzens, wieder ziehen lassen.

Doch konnte man es auch erleben, dass manche der armen Alten es dankbar einsahen, wie gut sie es in dem Altenheim hatten. So äußerte ein altes Weiblein: *»Ich bin noch keinen Abend zu Bett*

Schloss Russiz

gegangen, ohne Gott gedankt zu haben, dass ich es so gut habe. Hier habe ich doch mein gutes Bett und meine warme Stube. Früher musste der Bruder das Holz erst aus dem Walde holen, wenn wir einheizen wollten, dann rauchte der Ofen so arg.«

Eine andere sagte zu Weihnachten: *»Es ist dies der erste Christbaum, den ich sehe, und ich danke meinem Gott tausendmal, dass ich es so gut habe.«*

Das war immer eine ganz besondere Freude für die Gräfin, die nicht müde wurde, auch für ihre alten Kinder vor Gott einzustehen. Sie erlebte manche wunderbare Gebetserhörung. So prägte sich ihr ein Erlebnis mit einem todkranken Mann tief ein:

Der Mann hatte sich wiederholt schwere Verletzungen beim Holzfällen zugezogen und wurde als pflegebedürftiger Krüppel ins Vereinshaus gebracht, wo auch eine kleine Krankenstation eingerichtet worden war. Ein Jahr lang war er bereits dort. Anfangs schien er völlig stumpf und unempfänglich zu sein. *»Erst als sein Zustand sich verschlimmerte«*, erzählte die Gräfin, *»und die Hoffnung auf Genesung, welche er stets noch gehegt, mehr und mehr schwand, schien es, als dringe nach und nach das Licht der uns in Jesu Christo geoffenbarten Gnade in das durch Sünde und Abfall verfinsterte, geistig erstorbene Herz ein und öffne sich dasselbe den Eindrücken von oben.«*

Der Kranke hatte dringend gewünscht und auch darum gebeten, dass die Gräfin in seiner Todesstunde bei ihm sein solle. Eines Morgens sagte er zur pflegenden Schwester: »Der Herr Jesus kommt jetzt und holt mich.«

Als die Gräfin eintrat, empfing er sie wie immer mit einem freundlichen, freudigen Blick. Ihr war es klar, dass sie ihn nicht verlassen durfte. Die Schwester meinte, es könne noch eine Weile dauern, bis er ausgelitten habe. Es war keine leichte Aufgabe, bei ihm zu bleiben.

»Am Nachmittag wurde der Geruch aus den Wunden beinahe unerträglich«, fuhr die Gräfin in ihrem Bericht fort. *»Ich musste mir die Kraft zum längeren Ausharren vom Herrn erbitten, und der Gedanke, dass die arme Schwester am Ende noch eine Nachtwache ausüben musste, legte sich mir schwer auf die Seele. Ich forderte sie auf, sich mit mir auf ihr Stübchen zurückzuziehen, und da flehten*

wir zum Herrn, er möge, wenn dies seinem gnädigen Willen gemäß sei, bald der schweren Prüfung ein Ende machen und den müden Erdenpilger heimnehmen.

Als wir zu diesem zurückkehrten, sahen wir bald, dass unsere Bitte erhört und eine Veränderung eingetreten sei ... Der Heiland kam und holte ihn heim, so wie er es dem lieben Kranken geoffenbart hatte: ›Wer so stirbt, der stirbt wohl.‹ ... O möchten noch viele unserer Alten einen solchen Ausgang und Eingang finden!«

*

Auch die Arbeit an den Jungen brachte manche Schwierigkeiten mit sich, die mit den moralischen Verhältnissen im Land zusammenhingen. Viele waren schwer belastet durch die Trunksucht des Vaters! Ja, manches Kind war schon durch den Genuss von Alkohol, der ihm oft bereits im Säuglingsalter eingeflößt worden war, schwer geschädigt.

Zu dieser Alkoholgebundenheit finden wir in einem der Jahresberichte ein schreckliches Beispiel. Da kam ein Vater, um seinen zwölfjährigen Jungen zu Weihnachten zu besuchen. Der Mann war betrunken. Der Hausvater warf dem Manne vor, dass er dem Sohn ein so schlechtes Beispiel gebe. Die schauderhafte Antwort des Vaters vor den Ohren des Kindes lautete: »*Wenn ich aufhöre zu saufen, dann soll er weitersaufen... Es wäre mir lieber, Sie würden mir noch zwölf Kronen geben, dass ich was hätte zum Trinken.*«

»*Dies ist nicht der Fall*«, fügte der Hausvater hinzu. »*Manche Väter oder Mütter oder auch Großeltern offenbarten eine ähnliche Gesinnung. So ertrinkt und versinkt mancher Mann mit Geld, Gut und Ehre samt seiner Seele im Alkoholsumpf von einem Geschlecht zum andern.*«

Diese Kinder, bei deren Eltern oder Verwandten solche Zustände herrschten, waren es vor allem, für die in Herrnhilf eine Zuflucht gesucht wurde. Da konnte man sich denken, welch eine schwere Aufgabe den Erziehern gestellt war, und wie viele Enttäuschungen sie erlebten.

Aber es fehlte auch nicht an Freuden. Im Allgemeinen gewöhnten sich die Kinder sehr schnell an die ihnen bisher ganz fremde Zucht und Ordnung in Herrnhilf, umso mehr, als sie vom Geist der Liebe geleitet wurden.

In der Schule gab es mit den Jungen aus Herrnhilf, die eine wirkliche Erziehung genossen hatten, meist die wenigsten Schwierigkeiten. Die meisten von ihnen sahen das Heim, wenn sie ins Leben hinaustraten, als ihre eigentliche Heimat an. Soweit sie nicht in Treffen selbst in der Landwirtschaft ausgebildet wurden, versuchten die Gräfin und ihre Mitarbeiter, auch später noch für sie zu sorgen und sie bei tüchtigen, christlichen Lehrherren, in Deutschland vielfach in Wuppertal oder in Württemberg, unterzubringen, da die Versuchungen in der alten Umgebung zu groß für die ungefestigten Charaktere der Kinder gewesen wären.

Von einer Reise, die ihm ein Wiedersehen mit vielen ehemaligen Heimkindern brachte, schrieb Hausvater Gienger, der später in der Leitung der evangelischen Einrichtungen stand:

»Von besonderer Freude war es mir, auch die lieben Lehrmeister und ihre Familien persönlich kennen zu lernen, bei welchen unsere Jungen ein Heim gefunden haben. Und mein Eindruck, den ich empfing, war der, dass der Herr in vielen Herzen ein reiches Maß von Liebe ausgegossen hat. Was Geld und Reichtum nicht zustande bringen, das vermag die Liebe. Sie übt Geduld, bringt Opfer und führt das in unseren Häusern begonnene Werk weiter.«

*

Mit dem unaufhaltsamen Wachstum ihres Werkes trat aber auch die Frage nach einer äußeren Erhaltung immer ernster an die Gräfin heran.

»Es ist doch gut, dass hinter Ihnen Gräfin de La Tour mit ihrem Vermögen steht«, äußerte ein Herr einmal dem Hausvater von Herrnhilf gegenüber.

»Ja, es ist gut«, hatte der Hausvater erwidert, fügte aber ein ernstes »Und doch ...« hinzu.

Und doch hatte auch das Vermögen der Gräfin eine Grenze. Und doch wuchs es nicht mit den wachsenden Aufgaben. Und doch wollten täglich Hunderte und Aberhunderte satt werden. Und doch klopften immer wieder neu hilfsbedürftige Kinder und obdachlose Alte an die Tür. Und doch forderten die bauliche Instandhaltung, die Erweiterung der Räumlichkeiten, die Gehälter der Mitarbeiter gewaltige Mittel. Und doch gab es immer wieder neue Schwierigkeiten, deren Lösung viel Geld erforderlich machte, so vor allem die Frage der Wasserversorgung, mit der die allermeisten Häuser zu kämpfen hatten. Für die einstigen Bauernhöfe mit den wenigen Bewohnern hatten die vorhandenen Quellen ausgereicht. Aber als es Hunderte wurden, die hier ein Heim fanden, tauchte die Frage auf: Woher nehmen wir all das Wasser zum Kochen, zum Waschen, zum Baden? Und auch das liebe Vieh, mit dem sich die Ställe füllten, wollte sein Teil haben. Weiter oben in den Bergen waren genügend gute Quellen, aber die Anlage der Leitungen überstieg bei weitem die verfügbaren Mittel.

Schließlich blieb kein anderer Weg, als sich an die Freunde weit und breit in der Christenheit zu wenden. Aber wie oft bekamen die Mitarbeiter zur Antwort:»Brauchen Sie denn auch Hilfe? Hinter Ihnen steht doch die Gräfin mit ihrem Vermögen. Das geht doch um der Stellung der Gräfin willen nicht, dass Sie für die Anstalten sammeln.«

So flossen die Spenden für die Einrichtungen der Gräfin verhältnismäßig spärlich. In Treffen machten die Einnahmen kaum die Hälfte der Ausgaben aus, während Russiz fast ganz von der Gräfin unterhalten wurde.

»Rest durch Liebesgabe gedeckt«, hieß es oft zum Jahresabschluss. Dieser Rest betrug allein für Treffen oft über 30 000 Kronen.

Die Pflegegelder kamen kaum in Betracht, da die meisten der Pfleglinge»Niemandskinder« und»unseres Herrgotts Kostgänger« waren. Mit dem Pflegegeld könne man kaum das Vesperbrot bezahlen, meinte der Hausvater einmal. Neben der Hilfe eines treuen Freundeskreises, vor allem einer Reihe von Gustav-Adolf-Frauenvereinen, war es vor allem die Landwirtschaft, die einen bedeutenden Zuschuss zum großen Haushalt lieferte. Aber um die Höfe mit den fruchtbaren Äckern in dem breiten Tal zu erwerben, hatte die Gräfin große finanzielle Opfer bringen müssen.

Zu jedem weiteren Schritt erbat sie sich Weisung, Klarheit und Freudigkeit vom Herrn. Als gewissenhafte Haushälterin wagte sie keinen Schritt zu tun, ohne die Kosten zu überschlagen, und manche notwendige Veränderung oder Erweiterung musste unterbleiben, weil sie mit den verfügbaren Mitteln auskommen musste.

Wie verschieden die Wege sein können, in denen Gott die Werke seines Reiches baut, sehen wir, wenn wir einen Blick auf das Treffen benachbarte Werk in Waiern werfen. Beide Komplexe rahmen gewissermaßen die schöne Landschaft des Ossiacher Sees ein: Treffen liegt am Westende des Sees am Fuß des Gerlitzen, am Eingang in das enge Felsental, das zum Millstätter See führt, Waiern dagegen liegt am Ostende, wo die Berge in eine wellige Hügellandschaft übergehen. Die Einrichtung in Treffen besteht aus einer Kette kleinerer Häuser, denen man das stufenweise Wachstum ansieht. In Waiern liegen die stattlichen Anstaltsgebäude inmitten parkartiger Anlagen, die man von weitem wohl für den Herrensitz halten könnte – und beide Werke arbeiteten hingebungsvoll an dem gleichen Auftrag: der Rettung der verwahrlosten Kinder in Kärnten.

Wir sind schon wiederholt in diesem Buch Pfarrer Ernst Schwarz begegnet. Ihm und seinem Bruder genügte es nicht, bloß mit Worten das Evangelium zu verkündigen. Die Liebe Gottes, die in ihnen lebte, drängte sie zur Tat.

Im Jahre 1871 war Ernst Schwarz Pfarrer in Waiern geworden. Es war damals die Zeit des großen Sterbens der evangelischen Schulen in Kärnten. In Waiern war die Schule als einzige Schule aus der Toleranzzeit dank der hingebenden Arbeit des jungen Pfarrers bisher noch erhalten geblieben.

Im Frühling 1881 stand Pfarrer Schwarz am Grab einer armen Magd, neben ihm drei verwaiste Kinder. Es war niemand da, dem die Kinder gehörten, niemand, der sich ihrer annehmen wollte. Da war's Pfarrer Schwarz, als hörte er die Worte: »Wer ein solches Kind aufnimmt in meinem Namen, der nimmt mich auf.«

Er redete mit seiner Frau und nahm die Kinder ins Pfarrhaus auf.

Aber es waren ja nicht die einzigen hilfsbedürftigen Kinder. Das Elend unter den Kindern klopfte weiter an seine Tür. Wer den ersten Schritt getan hat, der muss, wenn er nicht rückwärts gehen will, auch den zweiten und dritten tun. Im Oktober 1881 wurde von Pfarrer Schwarz »*zum Dank und Gedächtnis an das Toleranzpatent Kaiser Josephs II., 1781, die Kinderanstalt Waiern im Vertrauen auf den Herrn errichtet*«, wie es im ersten Jahresbericht steht.

Die Örtlichkeit war das Pfarrhaus. Es wurde bald zu klein. Ein eigenes Gebäude wurde dringende Notwendigkeit.

Aber es fehlte ihm an allem, was zum Bauen nötig war, am Bauplatz, am Geld. Nur an einem fehlte es ihm nicht, und das war der Glaube.

Eines Tages ging Pfarrer Schwarz nachdenklich und betend, dass der Herr ihm eine Möglichkeit gebe, den Kindern ein Haus zu bauen, durch den Wald, der dem Pfarrhaus gegenüber lag. Auf dem Rückweg trat ihm aus einem kleinen Anwesen die Besitzerin entgegen.

»Wollen Sie mir nicht meine Hütte abkaufen?«, fragte sie. »Und da drüben, mein Schwager, will auch verkaufen.«

Das war die erste Antwort auf das stille Flehen. In der Gewissheit, dass Gott sein Ja und Amen dazu gesprochen habe, wurde ein Vertrag abgeschlossen.

Dann sandte Pfarrer Schwarz einen Aufruf an die evangelischen Christen mit der Bitte um Spenden für ein Heim für die heimatlosen Kinder in Kärnten.

»Es kam alles.« Das ist die Überschrift über die Wunder, die er erleben durfte.

Oft wurde der Glaube auf eine harte Probe gestellt. Oft hieß es bis zum letzten Augenblick, an dem die Zahlungen fällig waren: warten! Aber nie war das Warten vergeblich. Es kam alles Jahr für Jahr, bis der schöne Bau vollendet dastand.

Das stattliche Haupthaus war ein Zeuge des Glaubens seines Erbauers und der Liebe der Christen. Einige Jahre später kamen noch ein Kranken- und Altersheim dazu. Und als auch der Raum für die Kinder zu eng und ein Heim für die Kleinen und Kleinsten immer notwendiger wurde, ging die Gustav-Adolf-Kindergabe an Waiern. Das Kinderheim konnte gebaut werden.

»Wenn Kinder den Kindern dies Haus konnten baun, wie viel mehr hilft Gott denen, die ihm vertraun!« steht über der Tür des ansprechenden Hauses. Es war die Summe seiner wunderbaren Erfahrungen, die Senior (Dekan) Schwarz – Pfarrer Schwarz war inzwischen Leiter seines Kirchenkreises geworden – in diesen schlichten und tiefen Worten niederlegte.

In kurzen Zügen ist dies die Geschichte des Kinderhilfswerkes in Waiern, mit dessen Gründer die Gräfin de La Tour in herzlicher Freundschaft verbunden war.

Es bestanden eigenartige Wechselbeziehungen zwischen beiden Liebeswerken. Als der junge Pfarrer einmal Russiz einen Besuch abgestattet hatte, sah er, wie eine Schar heimatloser Mädchen im Schloss eine Heimat gefunden hatte. Dann hatte er selbst verwaisten Kindern in seinem Pfarrhaus ein Zuhause geboten, bis schließlich das Kinderhaus aus diesen kleinsten Anfängen erwachsen war. Bald darauf war auch in Treffen ein Liebeswerk entstanden, ebenfalls ein Werk des Glaubens und der Liebe und doch anders in seinen Lebensbedingungen. Während in Waiern unendlich viele Liebesgaben eingingen, die der Glaube des einen Mannes heranzog, war hier ein Werk, das nicht nur vom Glauben und der Liebe, sondern in erster Linie auch vom irdischen Besitz einer einzelnen Frau getragen wurde, die diesen irdischen Besitz ganz in den Dienst ihres Gottes gestellt hatte. Aber der Glaube musste auch unter diesen so anders gearteten Verhältnissen die Kraft sein, aus der das Werk lebte. Die Grenzen ihres Besitzes musste die Mutter dieses Werkes auch im Glauben überwinden. Das war oft nicht leichter, als mit völlig leeren Händen vor dem Herrn zu stehen und sich diese Hände aus seinen Schatzkammern füllen zu lassen.

Gottes Aufträge sind eben von mancherlei Art. Es kommt nur auf ein lauschendes Ohr an, das diesen Auftrag vernimmt, und auf ein gehorsames Herz, das ihn erfüllt. Und das hatte sowohl der Vater des Waierner Kinderheims als auch die Mutter des Heimes in Treffen.

So ist es kein Wunder, dass zwischen beiden Werken ein gutes wechselseitiges Verhältnis bestand, ein gesegnetes »Miteinander« auf dem gemeinsamen Weg. Es gab wohl kaum ein Fest in Treffen, kaum ein bedeutsames Ereignis im Leben der Gräfin, an dem Dekan Schwarz nicht als lieber Gast in ihrem Haus eingekehrt und »mit dem vollen Segen des Evangeliums« gekommen wäre. Die Gräfin wiederum gehörte zum Vorstand des Kinderheims in Waiern und nahm es sehr ernst mit dieser Pflicht. Beratend und fürbittend stand sie hinter dieser Arbeit, und zwischen den Mitarbeitern bestand ein herzliches und gutes Einvernehmen, dann und wann gab es wohl auch einen Austausch in den Arbeitsplätzen.

So wuchs hier in Kärnten, wo ehemals die Gegenreformation versucht hatte, alles evangelische Leben auszurotten, eine fruchtbare und gesegnete Arbeit, die der Verwahrlosung des Volkes entgegenwirkte.

Friedensboten in den Bergen

Während der Eröffnungsfeier des evangelischen Hospizes in Triest, worauf wir später noch zurückkommen, bemerkte der Festredner, dass die Gräfin de La Tour sieben Kinder habe, und zählte die verschiedenen Schulen und Heime der Reihe nach auf. Die Mutter dieser Kinder aber vermisste in der Aufstellung ein Familienglied, und zwar eine ihrer ältesten, bereits im Jahre 1895 geborenen Töchter.

»Diese Tochter heißt ›Evangelisation‹«, schrieb sie. *»Sie hat als Vierzehnjährige die Zeit der Kindheit, die strengen Schuljahre, da sie viel erfahren und zu lernen hatte, hinter sich und wächst gar lieblich zu Gottes Ehre und der Menschen Freude heran, sodass gesagt werden kann, wie es in Jesaja 52, 7 steht: ›Wie lieblich sind auf den Bergen die Füße der Boten, die den Frieden verkündigen, Gutes predigen, Heil verkündigen, die da sagen zu Zion: Dein Gott ist König.‹«*

Wer das Ziel kennt, das der Gräfin bei all ihrer Arbeit vorschwebte, für den ist es von vornherein klar, dass die Evangelisation neben der evangelischen Schule gewissermaßen die Grundlage ihrer gesamten Wirksamkeit war. Immer wieder stellte sie sich die Frage: *»Woher all das Elend in Kärnten? Welches ist die Ursache der furchtbaren Herrschaft des Alkohols? Woher kommt die Verwirrung der sittlichen Begriffe mit all ihren schrecklichen Folgen?«*

Und ihre Antwort lautete: *»Es liegt daran, dass dem Volke das Wort Gottes verloren gegangen ist, und es verlernt hat, das Leben an Gottes Gesetz und Gottes Ordnungen zu binden.«* So äußerte sie in einem Jahresbericht: *»Es ist ein tiefer Schade in unserer katholischen Christenheit, dass derselben der Gebrauch des teuren Bibelwortes untersagt ist. Wo aber Gottes Wort fehlt, da kann kein Licht* *von oben in die von Natur dunklen Herzen eindringen. – Doch auch unsere evangelische Christenheit hat ihre Aufgabe vernachlässigt, dieses Licht in ihren Häusern hell brennen zu lassen; sie hält den ihr in Gottes Wort anvertrauten Schatz vergraben, hat das Bewusstsein verloren, dass demselben die Lebenskräfte entquellen, die dem Herrn ein Volk zum Eigentum sammeln und zubereiten sollen. Daher stammt der Mangel an Kraft, den Mitmenschen durch einen sittlichen, geheiligten Wandel voranzuleuchten.«*

Nur aus Gottes Wort kann Heilung kommen. Das wurde ihr mehr und mehr zur Gewissheit. Das Wort ganz allein hat die Kraft, *»dem unheilvollen Andrang von Sünde, Welt und Satansmacht«* den heilenden und heiligenden Einfluss des Evangeliums entgegenzusetzen. Dass der Herr Arbeiter in seine Ernte sende, war daher ihr Hauptanliegen.

Der Pfarrer konnte dem Auftrag, das Evangelium in die Häuser und Herzen zu bringen, unmöglich allein Genüge leisten. Die evangelischen Gemeinden in Kärnten umfassten meist ein weites Gebiet, und die Kirchen, besonders in den Zeiten der schlechten Wege, waren nur schwer zu erreichen. Für die Alten und Kranken vor allem war es wegen der weiten Entfernungen von oft drei bis fünf Stunden fast unmöglich, zur Kirche zu kommen. Der Pfarrer war mit Amtspflichten überhäuft und hatte zudem den Religionsunterricht in einer ganzen Reihe weit zerstreuter Schulen zu erteilen.

So war es für die Gräfin die Erhörung eines anhaltenden Gebetes, als sich in Herrn Galsterer ein Chrischonabruder fand, der selbst aus Kärnten stammte und einen Wirkungskreis in seiner Heimat suchte.

So arbeitete er einige Jahre lang als Evangelist in Kärnten, und man kann ihn wohl den Bahnbrecher der Evangelisation in Kärnten nennen.

Als er bald nach der Jahrhundertwende einem anderen Ruf folgte, nahm die Gräfin Verbindung zu dem Vandsburger Bruderhaus auf, aus dem später das Bruderhaus in Bahnau in Ostpreußen hervorging. Seitdem waren es mit einigen Unterbrechungen Bahnauer Brüder, die den schweren Evangelisationsdienst in Kärnten taten.

Es zeigte sich bald, dass für einen Einzelnen die Arbeit zu schwer war und von Jesu Grundsatz nicht abgewichen werden durfte, je zwei und zwei seiner Jünger auszusenden. So wurden zwei Evangelisten in Treffen untergebracht, während ein dritter die Arbeit in Villach übernahm.

Was war denn nun der Auftrag und das Arbeitsziel der Evangelisten? – Eindrucksvoll antwortete der zeitweilige Leiter der Evangelisation, Dopplinger, darauf: *»Das Arbeitsprogramm, das einst der zitternde Saulus vor Damaskus' Toren von dem verklärten Jesus erhielt, hat auch für den Evangelisten unserer Tage volle Geltung: ›... aufzutun ihre Augen, dass sie sich bekehren von der Finsternis zum Licht und von der Gewalt des Satans zu Gott, zu empfangen Vergebung der Sünden und das Erbe samt denen, die geheiligt werden durch den Glauben an mich‹«* (Apg 26, 18).

Für den auswärtigen Evangelisten, der mit den Verhältnissen und dem Volkscharakter Kärntens nicht vertraut war, kostete es viel Mühe, sich in die Besonderheiten dieser Arbeit hineinzufinden.

Um ein Bild von der Arbeit zu bekommen, folgen wir dem Bericht eines der Brüder, den dieser kurz vor dem Krieg gab:

»Säemanns-Arbeit war es in der Hauptsache, die wir im verflossenen Jahre tun durften. Doch erlebten wir auch die glaubensstärkende, herzerfreuende Wahrheit, dass der Ackermann, der den Boden bebaut, die Früchte am ersten genießen soll.

Die Arbeit unserer Vorgänger war nicht vergeblich. Wo noch weniger vorgearbeitet war, fanden wir die Leute sehr scheu und verschlossen. Doch das Rezept des Apostels Paulus 1. Korinther 9, 19–23: ›Ich habe mich selbst jedermann zum Knechte gemacht‹, hat sich auch in Kärnten trefflich bewährt.

Im Sommer marschierten wir mit dem Rechen auf der Schulter ins Feld, um bei der Heuernte zu helfen. Im Herbst ergriffen wir die Braxen (ein kurzes, scharfes Hiebmesser) und hackten mit den Leuten die dünnen, belaubten Zweige von den Bäumen, die als Winterfutter für Schafe und Ziegen benutzt wurden. Wir scheuten uns auch nicht, mit den Lieben an einem Tische zu sitzen und aus einer Schüssel zu essen. Auch wenn auf dem Tischtuch jeder ›sei Stroßn‹ hatte, so hat uns das gar nicht geniert. Bald war das Eis gebrochen. Wo alles versagt, da richtet die Liebe doch etwas aus.«

Ein Jahr später schrieb der Evangelist: *»Als Fremde kamen wir zu Fremden, und nun gehören wir fast überall ›mit dazu‹. Es sind geistige Bande geknüpft, obwohl der Kärntner sich sonst nicht leicht an Fremde anschließt. Gar oft kommen die drei bis fünf Wochen, bis der Evangelist auf seinen Rundreisen wieder denselben Ort besuchen kann, den Lieben zu lang vor, und wenn es dann einmal früher möglich ist, heißt es wohl: ›Dôs is gscheid‹... Ein kleines Plätzchen in den Herzen der Kärntner schenkte der Herr uns eben doch. Das merkt man so vielfach: hier an einer besonderen Einladung zu Hausbesuchen, dort an einem geheizten Zimmer zum Aufenthalt und zur Stille für die Freizeit, oder an den trockenen Strümpfen und warmen ›Patschen‹, die einem nach drei- bis fünf-, auch achtstündigem Marsch so wohl tun. Ja, bis auf die Beköstigung merkt man die Liebe. Im ersten Halbjahr unseres Hierseins war es wohl damit etwas schwer. Da mussten wir fast buchstäblich nur von schwarzem Brot und Kaffee leben ... Auf zehn Tage kann man nicht gut alles Nötige im Rucksack mit sich führen ... So war's auch mit den Unterkunftsgelegenheiten. Da waren wir oft froh, wenn wir irgendwo in der Knechtkammer noch ein Plätzchen für die Nacht zugewiesen bekamen. In Kärnten muss man eben manches können und noch mehr lernen.«*

Lernen mussten die Brüder auch, das Wort so auszulegen, dass es die Menschen berührte und nicht von vornherein Ablehnung und inneren Widerstand hervorrief. Der Versuch, das durch Trunksucht und Unsittlichkeit gebundene Leben darzustellen, um die Gewissen zu wecken und zur Buße zu rufen, misslang völlig. Ja, er rief eher eine gewisse Opposition hervor. *»Warum sollen wir besser sein als unsere Väter? Sind sie in der Hölle, so gehören wir auch dahin!«* Das bekamen die Evangelisten öfter zu hören.

Nur der Weg der Liebe führte zu den Herzen. Erst wenn die Menschen sich angenommen und geliebt fühlten, öffneten sie sich für die Botschaft der Liebe Jesu. Erst unter der Sonne dieser Liebe regten sich die erstarrten Gewissen.

Die Arbeit der Evangelisten wäre wohl vergeblich gewesen, wenn die Brüder nicht darauf bedacht gewesen wären, die innerlich Gewonnenen in kleinen Gemeinschaften zu sammeln. In manchen Dörfern, zuallererst in Treffen kamen die Menschen zusammen, lasen gemeinsam die Bibel und pflegten Gebetsgemeinschaft, auch wenn der Evangelist nicht anwesend war. Da die ganze evangelische Gegend Kärntens und ein großer Teil der evangelischen Diaspora zum Arbeitsbereich der Brüder gehörten, konnten sie die einzelnen Orte höchstens alle fünf bis sechs Wochen besuchen. Meistens traf man sich dann in einer rauchigen Bauernstube. Zuweilen kamen siebzig bis hundert Leute zusammen. »Oft ward es so voll«, heißt es in einem Bericht, »dass sich einige aus der Nachbarschaft gleich eine Sitzgelegenheit mitbrachten, obwohl bereits Backbretter und dergleichen zusammengesucht waren. Es macht den lieben Leuten auch nichts aus, dass es in dem überfüllten Raum so heiß und dunstig wird, dass schon plötzlich die Lampe verlöschte, immer aber trüber und trüber wird. Im Gegenteil: während der Bruder vielleicht noch in der warmen Ofenecke zum Gebet niederkniet, ist um den Tisch herum ein Singen und Klingen, dass die Engel im Himmel über diesem Bilde ihre Freude haben und es den Alten warm ums Herz und feucht in den Augen wird ... Ja, ein ganz klein wenig von dem göttlichen Leben, das uns manche Kapitel der Apostelgeschichte zeigen, dürfen wir auch in Kärnten sehen.«

*

In tiefer innerer Anteilnahme begleitete die Gräfin die Brüder mit ihrer Fürbitte auf den mühsamen Wegen. Besonders freute sie sich, wenn hier und dort Spuren erwachenden Lebens zu sehen waren oder neue Gemeinschaften entstanden.

Sie scheute auch nicht mühsame Reisen, um an den Festen der Gemeinschaften teilzunehmen oder an ihrer Gründung mitzuwirken. Einmal führte sie ihr Weg auch nach Nöring bei Gmünd, einem einsamen Gebirgsdorf, zu dem nur ein Fußweg hinaufführte. Dort hatte ein schlichter Mann in seinem Haus für Versammlungen einen Saal ausgebaut, zu dessen Einweihung er die Gräfin einlud. Voll Freude schrieb sie nach diesem Besuch:

»Wir hörten ernste, eindringliche Ansprachen und konnten fröhlich, an Leib und Seele erquickt, den Heimweg antreten. Wir wünschen von Herzen, dass noch mehr solche Stätten im lieben Kärntnerlande erstehen möchten!«

Außer Deutschen und Italienern lebten auch Slowenen – oder »die Windischen« – in Kärnten, besonders im südlichen Teil des Landes. Schon in der Reformationszeit war auch die Botschaft des Evangeliums zu ihnen vorgedrungen, und sie hatten sie gern angenommen. Ihr Bischof Truber, der »slowenische Luther« – wie man diesen bedeutenden Prediger nannte –, hatte Teile der Bibel und Schriften Luthers ins Slowenische übersetzt, bis auch sein Werk von der Gegenreformation vernichtet worden war und das slowenische Volk mit Gewalt zur katholischen Kirche zurückgeführt wurde.

Kurz vor dem Krieg war es gelungen, die Drucklegung der slowenischen Bibel sicherzustellen. Ein evangelischer Slowene wollte die Verbreitung der Bibel unter seinen Volksgenossen in Kärnten übernehmen und schloss sich dazu mit den Treffener Evangelisten zu einer Arbeitsgemeinschaft zusammen, was von der Gräfin freudig begrüßt wurde. Leider stellten sich seiner Arbeit die größten Schwierigkeiten entgegen. Die behördliche Erlaubnis zum Wiederverkauf wurde ihm verweigert. Obwohl er sich häufig nur darauf beschränkte, den Leuten aus der Bibel vorzulesen, kam er wiederholt ins Gefängnis oder musste hohe Geldstrafen entrichten.

»O armes Land und Volk«, rief die Gräfin nach der Schilderung dieser Vorkommnisse aus, die ihr sehr zu Herzen gingen, »welches dem Evangelium, der Botschaft der Liebe und des Friedens unseres Gottes und Heilandes, den Eingang verwehrt und damit nicht allein des Segens verlustig wird, sondern sogar ein schweres Gericht des Herrn und Königs des Weltalls hervorruft. Haben Ähnliches nicht von jeher alle diejenigen erduldet, welche es erwählten, den Weg dem Lamme nach einzuschlagen und dafür die Feindschaft, den Hass der Welt fanden?«

»Nötige sie, hereinzukommen«

Die Evangelisation in Kärnten glich einem Baum, der Jahr für Jahr neue Zweige und Blüten treibt und dadurch seine Lebenskraft beweist. Der wichtigste dieser Zweige war die Blaukreuzarbeit, durch die den vielen Trinkern Hilfestellung geboten werden sollte.

Den Kampf gegen die furchtbare Herrschaft des Alkohols in Kärnten könnte man fast dem Tun eines Kindes vergleichen, das mit dem Inhalt seines Sandkastens einen Sumpf austrocknen will. Und doch hatte gerade diese Arbeit neben mancher schweren Enttäuschung, die nicht ausbleiben konnte, gute Erfolge aufzuweisen. Im Reich Gottes gelten eben andere Maßstäbe, als wir sie gewöhnlich anlegen. Wie ein kleines Flämmchen einen ganzen Wald anzünden kann, so kann auch ein vom Geist Gottes geschenktes Wort in einem Herzen ein Feuer entzünden, sodass das verhärtetste Gewissen erweicht wird. Als die Brüder bei den Menschen Vertrauen gewonnen hatten, konnten sie es wagen, mit dem Angriff auf die Alkoholsucht zu beginnen. Zur Stärkung des Willens wurde den Gewonnenen meist für eine begrenzte Zeit ein Enthaltsamkeitsgelübde vorgelegt. Die Alten entgegneten den Brüdern oft: »*Es ist gut, was ihr lehrt. Unsere alte Generation aber wird sich nicht mehr ändern. Den Jungen müsst ihr helfen, dass es bei ihnen anders wird.*«

Im Allgemeinen haben diese Stimmen Recht behalten. Nur sehr langsam, in unermüdlicher Geduldsarbeit, begannen die Anschauungen, sich zu wandeln. Allmählich begriff man, dass der Alkohol nicht notwendig sei zur Erhöhung der Arbeitsleistung und zur Aufrechterhaltung des Wirtschaftslebens, wie man bisher geglaubt hatte. Ja, man fing an einzusehen, dass er der größte Feind des wirtschaftlichen Aufstiegs war. Seine unbedingte Herrschaft wurde mit der Zeit gebrochen. Es fehlte auch schon in jener ersten Zeit des Kampfes gegen diesen Feind nicht an Beispielen, wie Männer, die ihr Leben lang unter der Herrschaft des Alkohols standen, ein völlig neues Leben begannen. Ein Mann, der sich dem Blauen Kreuz anschloss, sagte zum Leiter der Gemeinschaft: »Ich habe auf einen Tag Schnapsflasche und Tabakpfeife beiseite gelegt. Seither war ich nie einen Tag krank, während ich früher nie recht gesund war.«

Ein anderer Trinker, der Schrecken seiner Umgebung, der sich aber doch seines Elends bewusst war, hörte, dass in Treffen Trinker frei geworden seien. So zog er nach Treffen. Unter persönlichen Opfern verschaffte ihm die Gräfin Arbeit, und der Mann löste sich völlig vom Alkohol. Für ihn und seine geplagte Familie fing ein neues Leben an.

Für die Gräfin und ihre Mitarbeiter war es ein Freudentag, als im März 1913 die Satzungen des Blaukreuzvereins für Kärnten behördlich genehmigt wurden. Der Evangelist Galsterer hatte sie zusammengestellt. Als schon schwer kranker Mann hatte er seinem Heimatland noch diesen letzten Dienst erwiesen. Damit eröffnete sich ein weites Arbeitsfeld.

Die Gräfin beteiligte sich an der Blaukreuzarbeit mit Einsatz ihrer ganzen Persönlichkeit. Wenn die Brüder von ihren Wanderungen heimkehrten, ließ sie sich von ihnen genauen Bericht über ihre Erlebnisse erstatten. In eingehenden Konferenzen im Schloss wurden die Arbeitspläne festgelegt, und in gemeinsamer Fürbitte brachten sie die Arbeit vor den Herrn. Was mündlich nicht erledigt worden war, wurde schriftlich ausgehandelt, wobei oft eine mütterliche Besorgnis aus den Briefen der Gräfin spricht.

Auch persönlich suchte sie, wo sich irgend Gelegenheit bot, auf die Trinker einzuwirken und ihren Willen zum Kampf gegen den Alkohol zu stärken.

Zuweilen ging sie in ihrem großen Eifer, Verlorene zu retten, etwas ungewöhnliche Wege. Ein lustiges Beispiel davon erzählte Pfarrer Doktor Wilhelm Busch, Elberfeld, später in Frankfurt a. M., von einem Besuch in Treffen im Jahre 1904:

Nach einer Evangelisation im Schlosspark, während die Menge sich zerstreute fiel Pfarrer Busch ein alter Mann auf, der besonders glücklich durch die Menge schritt.

Pfarrer Busch kommt ins Gespräch mit dem Mann und erfährt die Ursache seines Glücks: Es sind ein Paar echte, hirschlederne Hosen. »Oh«, sagt der Alte, »seit ich denken kann, war es mein Wunsch, so ein Paar echte, gute Hirschlederne! Aber so was kann sich unsereins nicht leisten. Denken Sie, was tut unsere Frau Gräfin? Sie hat mir ein Paar geschenkt, hören Sie, geschenkt! ... Allerdings« – er kratzte sich hinter den Ohren – »eine Bedingung ist dabei, eine Bedingung« – und dabei wird sein Gesicht recht bedenklich –, »ich soll nie mehr einen Rausch haben, wenn, ja wenn, ach nein, ich krieg keinen! Aber wenn ja, dann müsst ich halt – nein, das kommt aber nicht vor! Dann müsst ich halt meine Hirschledernen hergeben. Bei Gott, nein, das soll sie nicht erleben!«

»An diesem Ausspruch und vielen anderen merkte Pfarrer Busch, wie lieb man die edle Gräfin hatte, und wie ihre Arbeit vielen zum Segen war«, heißt es in seinem jetzt vergriffenen Lebensbild.

Dennoch musste die Blaukreuzarbeit sich manche Kritik gefallen lassen. Viele der engsten Freunde der Gräfin meinten, einen Widerspruch zu sehen: In ihren Weinbergen in Russiz reifte ein feuriger Südwein, der eine ihrer Haupteinnahmequellen war. Und von ihrem Tisch war der Wein auch nicht verbannt und erfreute ihre Gäste. Einmal stellte ihr der Evangelist Doktor Beadeker, der häufig in Russiz und Treffen zu Gast war, die Gewissensfrage, wie sie ihren Weinhandel mit ihrer Blaukreuzarbeit vereinigen könne. Sie erwiderte, dass ihr das keine Probleme mache, da sie die Einnahmen durch den Wein als Gottes Gabe für den Unterhalt ihrer Einrichtungen ansehe. – Es war beeindruckend, dass ihrem Christsein jede Gesetzlichkeit fremd war. Wo der Alkohol solch furchtbare Verheerungen anrichtete, da musste der unerbittliche Kampf gegen ihn aufgenommen werden. Wo der Missbrauch des Weines aber ausgeschlossen war, da konnte er durchaus zur Stärkung ihrer oft müden und erholungsbedürftigen Gäste dienen.

*

Mit der Arbeit, die die Brüder an den Männern taten, ging die Arbeit der Schwestern an den Frauen Hand in Hand. Für die Frauenarbeit und die Gemeindepflege hatte die Gräfin Beziehungen zum Vandsburger Gemeinschaftsdiakonissenhaus geknüpft. Wenn sie sich im Sommer jeweils in Treffen aufhielt, nahm sie sich persönlich der Frauenarbeit an. In origineller Weise berichtete uns eine alte Frau aus dem Altersheim in Treffen darüber. Sie schrieb:

»*Ich war noch als Dienstmagd in meiner Heimat bei einem Bauern. Da hörte ich eines Tages von jemand, der aus Treffen kam, dass in Treffen eine sehr fromme, gläubige Gräfin sei, die in einem Schloss wohne. Da dachte ich mir gleich: Oh, diese Gräfin möcht' ich gern kennen; aber wie das machen, weiß ich nicht. – Da ereignete es sich über ein paar Jahre, dass mein Bruder nach Treffen wanderte und dann bald als Bauer einheiratete. Und er holte auch mich gar bald heraus aus der Gebirgsgegend zu sich als Dienstmagd. Bald hatte ich dann auch Gelegenheit, Frau Gräfin zu sehen und zu grüßen ... Dann wurde auch bekannt, dass Frauenstunden beginnen sollten. Die Gräfin ging dann selber einladen. Jeden Mittwochabend sollte die Stunde stattfinden. Sie selber war wohl auch fast immer dabei und freute sich immer, wenn man kam. Sie drückte einem so warm die Hand. Die Stunde hielt dann die Schwester. Und wenn man nicht gekommen ist, hat man das nächste Mal müssen sagen, was die Ursache war. Oder Frau Gräfin kam selbst in die Wohnungen nachsehen, ob man vielleicht krank war. Denn es war ja eine ganz kleine Schar im Anfang. Es hat ziemlich lange gedauert, bis die Zahl auf zehn angewachsen ist. Es waren so vielerlei Ausreden. Ich kann mich noch erinnern, wie die Gräfin einmal sagte: ›Aber wer den Heiland lieb hat, der kommt gern.‹ Mir hat das sehr zu denken gegeben. Sonntagabends hatten wir gemischte Versammlungen und samstagabends Gebetsstunden, wo auch die Gräfin immer mit uns auf die Knie ging. Das mochten viele nicht gern und blieben wieder weg ... Wenn Gemeinschaftskonferenz im Schloss war, hielt Pfarrer Monsky mal die Stunden. Da saßen wir auf den gepolsterten Sesseln. Und dann fragte die Gräfin immer wieder: ›Wer will morgen wiederkommen?‹ Da kamen wir fast eine ganze Woche zusammen. Da wurden wir von den andern schon als Heilige betitelt. Und wohl auch von meinem Mann hab ich viel Schimpf erleiden müssen. Ich hab viel durchmachen müssen wegen meinem Stundengehen mit meinem Mann. Ich war halt auch in der Meinung, mein Mann werde wohl auch den Weg gehen mit mir und sich bereden lassen. Das war nicht der Fall. Aber Gott half mir immer, dass ich mein Los hab still ertragen können. Hab niemanden etwas davon gesagt, als nur meinem Gott und Heiland.«*

Die alte Frau war nicht die Einzige, die wegen ihrer Teilnahme am Gemeinschaftsleben zu leiden hatte.

»Da, wo des Herrn Sache aufgerichtet und verfochten wird, ist der Feind alles Göttlichen, der Satan, umso mehr geschäftig niederzureißen; das haben wir erfahren«, schrieb die Gräfin in einem Jahresbericht. Aber sie fügte voll Glauben hinzu: *»Wir halten trotzdem an der Hoffnung fest, dass wir des Herrn Mithilfe und Segen weiter erfahren und unsere Gebete erhört sehen werden, wenn wir keinen Bann unter uns dulden und in der Kraft Gottes alles hinwegtun, was trennend zwischen uns und unsern Herrn treten könnte. ... Wo der Herr und sein Volk stehen, ist allezeit Sieg!«*

Diese Hoffnung erfüllte sich tatsächlich, und die Evangelisationsarbeit weitete sich immer mehr aus. Das zeigte sich äußerlich auch darin, dass die Versammlungsräume im Vereinshaus in Treffen bald viel zu klein wurden. Eine räumliche Erweiterung war nötig, wenn die Arbeit nicht rückläufig sein sollte. Oft kam es vor, dass abends die Lampen wegen Sauerstoffmangel durch Überfüllung nicht brennen wollten und dass ein Teil der Besucher, die vielleicht einen weiten Weg durch die Berge gemacht hatten, nur mit Mühe in einem Nebenraum noch ein Plätzchen zum Übernachten fand.

Mit dem Kinderheim war eine leer stehende Scheune verbunden, die die Gräfin als Andachtssaal ins Auge gefasst hatte. Natürlich war ein größerer Umbau notwendig, um sie in einen würdigen Gottesdienstraum zu verwandeln.

Alle Pläne waren fertig, der Bau sollte beginnen. Da brach im Oktober 1909 eine furchtbare Unwetterkatastrophe über das Treffener Tal herein. Der friedliche Bach wurde zum reißenden Strom. Dämme und Brücken wurden zerstört, Häuser schwer beschädigt, Felder verwüstet, eine große Menge Brennholz weggeschwemmt. Die Gräfin erlitt schwere materielle Verluste.

Das Bauen – auch an eine dringend nötige Erweiterung des Schulgebäudes hatte sie gedacht – schien völlig in Frage gestellt zu sein.

Sie hatte einen schweren Kampf durchzukämpfen, den sie eindrucksvoll schilderte:

»*Nun war der Schlag gekommen, und die menschliche Klugheit trat mir, wie schon so oft, wieder nahe und raunte mir zu: ›Jetzt wirst du doch nicht mehr ans Bauen denken; es ist ja nun nicht möglich.‹ Doch eine andere Stimme ließ sich auch vernehmen, und die sagte: ›Kannst du nicht im Glauben die Allmacht fassen und dennoch wagen, das zu tun, was du als des Herrn Wille erkannt? Steht dir hier nicht auch die Großmacht zur Verfügung, welche von oben stammt?‹ Und nun kann ich hier schließen und will warten, was der Herr, der schon so viel an uns getan hat, auch weiter zu tun gedenkt. Ja, ich will sprechen: ›Rede, Herr, denn deine Magd hört und ist bereit, deinen Willen allein auszuführen.‹*«

Und der Herr redete und gab ihr die Überzeugung ins Herz, dass der Bau des Saales sein Wille war.

Ein Jahr später schrieb sie, nachdem sie von einigen Schwierigkeiten gesprochen hatte, die sich der Ausführung des Baues entgegengestellt hatten: »*In der Zuversicht, dass der Herr es den Aufrichtigen gelingen lässt, lernt man still und treu Gottes Aufträge ausführen und das Ende abzuwarten. Und dann nur getropft – die Verheißung erfüllt sich: es wird Freude werden!*«

Es war eine große Freude, als der Saal unter Beteiligung einer Reihe treuer Freunde, so Pfarrer Monsky (Graz), Pastor Modersohn (Blankenburg) und Dekan Schwarz (Waiern) zum Jahresfest 1910 eingeweiht werden konnte. Wenn er auch schlicht und einfach war, so fehlte ihm doch nicht manch würdiger Schmuck. Der Saal steht auch noch heute für gut besuchte Gottesdienste zur Verfügung, wurde 1993 saniert, erhielt Buntglasfenster mit der Darstellung biblischer Themen und moderne Wandmalereien.

*

»Das jüngste Kind« der Gräfin war das evangelische Hospiz und die Stadtmissionsarbeit in Triest. Auch dieses Werk war ganz unmittelbar aus der Gemeinschaftsarbeit hervorgegangen. Während des Aufenthaltes einer Gemeinschaftsschwester in Triest hatte sich dort ein kleiner Kreis einfacher gläubiger Leute zu einer kleinen Gemeinschaft zusammengeschlossen. Der Gräfin waren die Nöte der großen, ihrem geliebten Russiz benachbarten Stadt schon lange auf dem Herzen gelegen. Als sie ganz unvermutet diesen kleinen Kreis von Christen dort fand, war ihr das eine große Ermutigung. Sie erlebte mit ihnen wertvolle Stunden der Gemeinschaft und versprach ihnen, dafür zu sorgen, dass wieder eine Schwester nach Triest komme. Die Freude der Geschwister war so groß, dass sie sofort das Reisegeld für die Schwester zusammenlegten. Dies war die Geburtsstunde der Triester Arbeit, die der Gräfin so ganz unerwartet in die Hände gelegt wurde.

Am 15. November 1908 begann die neue Arbeit mit der Gründung eines »Christlichen Hospizes«, dem zwei Vandsburger Diakonissen vorstanden.

»Mit Glaubenshänden übernommen und von solchen getragen, ist es, wiewohl gar manchmal in seiner Existenz bedroht, durch die Gnade des Herrn, der Gebete erhört, erhalten und bewahrt geblieben«, schrieb die Gräfin über dieses »jüngste Kind«. Und über seine Aufgaben sagte sie: *»Es soll allein stehenden Frauen aus allen Ständen und besonders stellensuchenden Mädchen Obdach gewähren; sodann durchreisenden Missionaren mit ihren Familien, welche sich in Triest auf ihre fernen Arbeitsfelder einschiffen oder dahin zurückkehren, freundliche Aufnahme bieten ... Die Schwestern wollen in der Nachfolge ihres Herrn und Meisters und seiner Weisung gemäß die Gäste beherbergen, den Armen hilfreich beistehen, die Kranken besuchen und pflegen, den in eine verlorene Welt verstrickten, in Sünden gefangenen und gebundenen Menschenseelen die Schätze einer Erlöserliebe anbieten, die sie retten will.«*

Die Arbeit in Triest hatte mit großen Schwierigkeiten zu kämpfen, da das Hospiz in einem Mietshaus untergebracht war und wiederholt umziehen musste, was immer finanzielle Einbußen zur Folge hatte. Dennoch wuchs auch dieses Werk.

Die Arbeit der Gemeindeschwestern wurde zu einer regelrechten Stadtmissionsarbeit mit eigenen Versammlungsräumen ausgebaut. Ein Stadtmissionar begann unter Männern zu arbeiten und war evangelistisch sehr aktiv. Kurz vor dem Krieg sandte die Gräfin den jungen Evangelisten Krupka, den späteren Leiter der süddeutschen Gemeinschaft für »Entschiedenes Christentum«, nach Triest. Er arbeitete damals in Treffen. Er tat dort eine sehr erfolgreiche Arbeit, bis der Ausbruch des Krieges mit Italien allem ein Ende setzte.

Das Treffener Fest

Wer an einem trüben Tag durch die Berge wandert und plötzlich die Sonne zwischen den Wolken hindurchbrechen sieht, dem scheint alles wie durch Zauberhand verwandelt. Blicke öffnen sich, von denen man keine Ahnung hatte.

Ist's nicht so ähnlich im Leben eines Christen? Wie gibt ein Strahl der Freude, der ins Herz fällt, neuen Mut im Lebenskampf, neue Kraft, neue Hoffnung auf dem Weg zum Ziel hin! Wie oft ergeben sich neue Perspektiven, wenn das Licht der Liebe und Güte Gottes in eine Situation fällt!

Das wusste die Gräfin. Sie wusste, dass Freude zum Christsein einfach dazu gehört. Trotz aller Schwierigkeiten und Kämpfe in ihrem Leben missachtete sie doch nicht den apostolischen Ruf: »Freuet euch in dem Herrn allewege!«

Aber wie arm an Freude war im Allgemeinen das Leben der hart um ihr tägliches Brot kämpfenden Bergbewohner! Ganz abgesehen von der Sünde, die auch ihre Schatten warf, gab es Tag für Tag die gleichen mühseligen Lasten des Alltags zu tragen.

Da wuchs in der Gräfin der Wunsch, diesen lieben Leuten einmal eine Freude zu machen.

»Wir wollen einmal ein schönes Fest feiern«, sagte sie eines Tages gegen Ende der neunziger Jahre zu den Frauen ihres Frauenvereins.

Man kann sich gut vorstellen, mit welcher Freude dieser Vorschlag aufgegriffen wurde. Der 15. August, der Tag von Mariä Himmelfahrt, wurde ein für allemal für das Fest des Werkes festgelegt. Man legt in der evangelischen Kirche Österreichs gern die Feste auf die katholischen Feiertage, die ohnehin arbeitsfrei sind.

Das Jahresfest der Inneren Mission wurde von da an in Treffen Tradition. Es war der Höhepunkt des Anstaltslebens. Von nah und fern kamen die Gäste und auswärtigen Redner. Viele bekannte Namen in Kirche und Gemeinschaftsleben Deutschlands, Österreichs und der Schweiz sind darunter.

Es kamen Freunde der Einrichtungen, die ihre größeren und kleineren Bausteine zum Ausbau der Arbeit in Kärnten beigetragen hatten, und die vor allem mit ihrer Fürbitte dahinter standen. Es kamen aber auch die Männer und Frauen von den Bergen und aus den Tälern Kärntens, die ein offenes Ohr für die Botschaft des Lebens hatten. Sie alle waren Gäste der Gräfin und wurden mit großartiger Gastfreundschaft von ihr aufgenommen, bewirtet und durften ihre warmherzige Güte erfahren. Für die auswärtigen Freunde war das Jahresfest immer ein Höhepunkt. Und noch lange Zeit erinnerten sich die Menschen aus den Dörfern in der Umgebung von Treffen gerne an das Fest.

Schon Tage vorher wurde mit den Vorbereitungen begonnen: Eine Anzahl von Tieren, vor allem ein paar Schweine, mussten ihr Leben lassen, im Backraum türmten sich Berge von Brot und Kuchen. Tagelang vorher war bereits der Zucker in den Mörsern gestoßen worden. In der Küche aber musste die Köchin mit ihrem Team zusehen, wie sie mit ihren Töpfen und Pfannen für all die Suppe und den Braten auskam, um die hungrigen Gäste satt zu bekommen.

Im oberen Stock des Schlosses mussten alle nur irgendwie verfügbaren Betten und Schlafgelegenheiten vorbereitet werden. Wer von den Ehrengästen in einem der breiten, geschnitzten Betten mit den herrlich weichen und doch festen Matratzen nächtigen durfte, der vergaß diese Nacht sicher nicht so schnell wieder.

In den großen Hallen, von denen im Schloss Treffen drei übereinander liegen, wurden die Tafeln gedeckt. Bis zu sechzig Gäste mussten in der mittleren Halle, in der gespeist wurde, untergebracht werden. Da gehörte schon eine tadellose Haushaltsleitung dazu, damit alles klappte und jeder Gast sich wohl fühlen konnte. Dass allerdings das Hauspersonal noch bis in die Nacht hinein die Stiefel und Schuhe putzte, ahnten wohl die wenigsten.

Neben den auswärtigen Gästen im Schloss wurden auch die Leute aus der näheren Umgebung im Park und später auch im

Vereinshaus bewirtet. Die Gräfin wusste, wie kümmerlich es mit der Ernährung daheim in den Bergen stand, da sollte auch die äußere Seite des Festes nicht zu kurz kommen, und die Leute sich einmal richtig satt essen können.

Doch wir lassen am besten einige Freunde der Liebeswerke in Kärnten, die damals beim Treffener Fest Gäste waren, selbst erzählen.

Besonders anschaulich lassen uns Pfarrer Doktor Busch und sein Schwager, Lehrer Kullen, am Treffener Fest teilnehmen. Am Vorabend des Festes kamen sie nach einer weiten Gebirgswanderung in Treffen an. Auf dem Bahnhof in Villach erwartete sie der Wagen der Gräfin mit zwei prächtigen Pferden.

»Es ist mir noch in Erinnerung«, schrieb Herr Kullen, *»wie die Menschen damals guckten, dass zwei so bestaubte Handwerksburschen in diesen schönen Wagen steigen durften. Ein Stadtmissionar mit seiner Tochter aus Elberfeld nahm uns am Bahnhof in Empfang. Dieser durfte seinen Urlaub auf dem Schlosse Treffen verbringen ... Es war eine herrliche Fahrt von Villach nach Treffen. Ich war ganz benommen von der Schönheit der Gegend. Ich sagte immer wieder: ›Ein Stück Himmel ist hier auf die Erde gefallen.‹ Aber trotz der Schönheit und herrlichen Fahrt lag ein Druck auf mir. Mir war bange vor dem Schloss und der Gräfin ... Aber durch den freundlichen und überaus herzlichen Empfang wurde mir allmählich wohl. Die Gräfin war eine große, stattliche Erscheinung mit weißem Haar. Es lag etwas Hoheitsvolles und bestimmt Freundliches in ihrem ganzen Wesen ... Mir war es merkwürdig, wie Busch und ich als sein Anhängsel bei der Tischordnung berücksichtigt wurden.«*

Und nun folgen wir der Schilderung von Pastor Busch:

»Überall merkte man, wie fleißige Hände geschäftig gewesen waren, das Fest auszurüsten. Da waren draußen im Park unter den uralten riesigen Bäumen Bänke aufgeschlagen und eine Kanzel errichtet. Von Baum zu Baum zogen sich die Girlanden; bunte Wimpel und Fahnen flatterten lustig im Winde. Und im Schloss selbst – ja, da wurde gebacken, geschlachtet, gebraten – Vorräte in schier zahlloser Menge, denn keiner der geladenen Gäste sollte in irgendeiner Weise hungrig von dannen ziehen. Am Vorabend schon war eine große Schar von Gästen beisammen ... Es war eine bunt zusammengewür-

felte Gesellschaft, die sich da zusammenfand, aufs Freundlichste be-
wirtet von der Gräfin de La Tour, die darin aufs Eifrigste unterstützt
wurde von ihrem Neffen, dem Herrn von Gall, und seiner liebens-
würdigen Gattin.

Aber merkwürdig, wie ging doch ein gewissen, Gefühl der Einig-
keit durch unsere Herzen hindurch! Und als wir uns am Schluss des
Tages sammelten zu gemeinsamer Abendandacht, da merkten wir,
was uns einte: der Glaube und die Liebe zu unserem erhöhten Herrn
und Heiland Jesus Christus.

Der 15. August brach an, wonnig schön und klar, heiß, aber ein
prächtiger Festtag. Man ging hinunter und fand überall Festgäste.

Und was war das für ein herrlicher Festzug! Voran trippelten
oder wurden in kleinen, mit Grün besteckten Wagen die Kleinkin-
derschüler gefahren unter Leitung ihrer lieben Schwester Johanna.
Dann kamen die Schulkinder und die Anstaltsbuben, hinter ihnen
die Gräfin mit ihren Gästen und dann ein großer Tross von Land-
leuten aus Treffen und der näheren und ferneren Umgebung. Das
war ein köstlicher Anblick, als sich da unter dem Schatten der
mächtigen Bäume die Hunderte von Menschen gelagert hatten, be-
gierig, das Wort zu hören. Ich bewunderte die Aufmerksamkeit und
Ausdauer, mit welcher die Leutlein zuhörten. Sie saßen da vormit-
tags von neun bis zwölf Uhr und nachmittags von zwei bis fünf Uhr,
immer gleich aufmerksam und gespannt. Aber die Leute feiern eben
nicht so viel Feste wie unsere lieben Wuppertaler, haben auch wenig
Gelegenheit, die Predigt des Evangeliums zu hören. Darum be-
nützen sie gern die wenigen Gelegenheiten recht ausgiebig. Es war
ein reiches Programm, aber wie gesagt: Wenn die Kärntner Land-
leute so weit hermarschieren, dann wollen sie auch etwas davon
haben.«

Ein nettes Beispiel dieser Ausdauer der Kärntner Bauern beim
Anhören der Verkündigung des Evangeliums erzählte auch Pastor Samuel Keller.

Während einer Evangelisation in Kärnten hatte er in einem
Marktflecken eine Stunde gesprochen und wollte dann Schluss
machen. Da kam ein alter Bauer auf ihn zu und sagte: »*So – acht*
Stunden weit sind meine Leute und ich durch die Nacht gewandert,
um Sie zu hören, und Sie wollen es mit einer Predigt abmachen? Das

gibt's nicht! Jetzt ruhen Sie sich ein halbes Stündchen aus, trinken eine Tasse Kaffee, dann reden Sie wieder zu uns.«

»*Und so geschah es*«, sagte Pastor Keller, »*dass ich an dem Tag bis spät in die Nacht viermal vor denselben Hörern reden musste!*«

»*So war die geistliche Speise geboten*«, fuhr Pastor Busch in seinem Bericht fort, »*aber was die Gräfin an leiblicher Verpflegung tat, war auch erstaunlich. Zur Mittagstafel waren im Schloss gegen hundert Personen. Wie viele draußen gespeist wurden, vermag ich nicht zu sagen. In solchen Stunden wuchs mehr als sonst in langen Jahren das Band der Zusammengehörigkeit der Evangelischen in diesem katholischen Lande. Überall fröhliches Lachen, strahlende Augen und ein jubelndes Singen zum Lobe Gottes und im Dank gegen ihn.*

Abends führten uns noch ein paar schnelle Rappen zum herrlichen Ossiacher See. Ein Bad in seinen blauen Wellen war wirklich eine Erfrischung nach dem heißen, ermüdenden Festtage. Am Abend gab's noch viel fördernden und gesegneten Austausch – und ich hatte am Schluss des Tages das Gefühl, als sei hier wirklich eine Stätte, an der der Herr sichtlich und reichlich segnet.«

Einen Eindruck dieses Segens erhielt Pastor Busch vor allem bei einer Führung der Gräfin durch die Häuser. Er schrieb darüber: »*Wir alle, die wir an diesem Besuch der Anstalten teilnahmen, waren aufs Neue überrascht, wie viel dort geleistet wird, wie viel auch ein Christenmensch leisten kann, wenn er sich und seine Kraft ganz in den Dienst des Herrn stellt.*«

Bis heute ist das Jahresfest am 15. August fester Bestandteil des Werkes der Gräfin de La Tour. Auch heute noch werden alle Gäste (etwa 600 Personen) von den Mitarbeitern des Werkes bewirtet. Die Suchtkranken haben ihr eigenes Jahresfest im Juni. Dazu kommen etwa 900 Gäste aus ganz Österreich, und auch sie werden nach dem Vorbild der Gräfin alle an diesem Tag verköstigt.

*

Zum ersten Mal schloss sich in jenem Sommer 1904 an das Jahresfest der Inneren Mission die Treffener Gemeinschaftskonferenz an. Schon lange regte sich in den kleinen, weit zerstreuten

Gemeinschaften das Bedürfnis nach engerem Zusammenschluss zu gegenseitiger Stärkung. Auch diese Zusammenkunft wollte die Gräfin gern gastlich in ihrem Schloss beherbergen. Die Leitung übernahm Pfarrer Monsky, der schon in Graz das Gemeinschaftsleben im Rahmen der Kirche förderte und später in Wien eine gesegnete volksmissionarische Arbeit aufbaute.

Auch der Kärntner Gemeinschaftskreis, der seinen Mittelpunkt in Treffen und seine Hauptstütze in der Gräfin hatte, wollte nichts anderes als im Rahmen der Kirche neues Leben in den Gemeinden wecken. Als die Gräfin noch zu Lebzeiten ihres Mannes mit ihrer Arbeit in Kärnten begann, stand der Gemeinschaftskreis dieser Sache sehr pessimistisch gegenüber und hatte keinerlei Hoffnung für diese versumpften sittlichen Verhältnisse.

Sie hatte ihm in gewisser Weise Recht gegeben. Ein rein soziales Unternehmen war auch aussichtslos. Nur von einer wirklichen inneren Umkehr konnte auch eine äußere Wandlung kommen. Die Gräfin war ein treues Glied ihrer lutherischen Kirche. Im Sommer, wenn sie sich in Treffen aufhielt, fehlte sie nur selten im Sonntagsgottesdienst von St. Ruprecht, der Kirche, zu der Treffen eingemeindet war. Den Ortspfarrer Kaufmann unterstützte sie in seiner Gemeindearbeit, sodass er in Erinnerung an sie äußerte: »*Ich habe sie wie eine Heilige verehrt.*«

Aber die Wortverkündigung in der Kirche allein genügte ihr nicht. Vielfach bewegte sich die Kirche auf eingefahrenen Geleisen. Durch die jahrzehntelange Gewöhnung hatten manche Pfarrer eine Art von Frieden mit den faulen sittlichen Zuständen geschlossen, umso mehr, als diese eng mit den sozialen Verhältnissen zusammenhingen, was den Kampf dagegen sehr erschwerte.

Darum sagte sich die Gräfin: Nur von kleinen Kreisen, die voll und ganz unter dem Einfluss des Wortes Gottes stehen, für die Gottes Wort der Maßstab für das ganze Leben wird und die als Salz und Licht in ihrer Umgebung wirken, die es wagen, Sünde auch Sünde zu nennen, kann eine Gesundung des Kärntner Volkes kommen. Wo irgend sie meinte, Zeichen neuen Lebens zu sehen, da wurde ihr Herz von Dank erfüllt und sah schon den

Evangelisches Vereinsheim

Schloss Treffen

Anbruch einer neuen schönen Zeit für ihr geliebtes Kärntner Land. So schrieb sie in einem Jahresbericht: »*Wenn ich hier im Küstenlande, wo ich dies schreibe, schon Ende Dezember oder Anfang Januar die ersten Primeln und Schneeglöckchen aus der noch erstorbenen Erde hervorbrechen sehe, so erblicke ich darin die sicheren Vorboten eines neuen Frühlings, der binnen kurzem seine ganze Pracht unter unseren Augen entfalten wird. So sehe ich auch in den noch vereinzelten und doch so lieblichen Fällen geistigen Erwachens unter unserem Volke in fester Glaubenszuversicht die Vorzeichen einer allgemeinen Erweckung, die neues Leben in Blüten und Früchten hervorrufen wird! Bietet nicht schon unsere Berufung in den durch den Herrn uns zugewiesenen Wirkungskreis eine Bürgschaft des Erfolges, welcher jeder treu verrichteten Arbeit verheißen ist? Ja, auch hier wird unser Warten Freude werden! (Spr 10, 28).*«

Aber die Gräfin stand nicht allein im Aufbau der Gemeinschaftsarbeit, sondern hatte Mitarbeiter um sich, unter ihnen häufig junge Leute, die zwar begeistert und voller Ideen waren, aber es doch oft am nötigen Takt fehlen ließen. Das erregte dann leicht Anstoß bei der Kärntner Pfarrerschaft, die ohnehin oft starke Bedenken gegen das Evangelisationswerk der Gräfin hatte. In Verkennung der Tatsache, dass ihr jede Trennung von der Kirche fern lag und sie nur mithelfen wollte, die Kirche zu neuem Leben zu erwecken, meinte man, ihre Bestrebungen liefen früher oder später auf eine Trennung hinaus und bedeuteten eine Gefahr für die Diaspora. Zeitweilig spitzte sich die Lage so sehr zu, dass ihr mit einer Klage bei den Behörden gedroht wurde. Für ihr Werk wäre das ein vernichtender Schlag gewesen, da damals nach den österreichischen Gesetzen religiöse Versammlungen nur von Theologen abgehalten werden durften, die die österreichische Staatsangehörigkeit haben mussten. Es kam nur auf die Einstellung des zuständigen Bezirkshauptmanns an, ob dies Gesetz durchgeführt wurde oder nicht. So hing gewissermaßen immer das Damoklesschwert des Verbotes über der Evangelisationsarbeit.

Aber die Gräfin ließ sich nicht einschüchtern. Sie war der felsenfesten Überzeugung, dass ihr die Arbeit vom Herrn aufgetragen war, und das machte sie innerlich ruhig und gewiss allen Widerständen zum Trotz, so schwer sie auch unter ihnen litt.

Bezeichnenderweise schrieb Superintendent D. Heinzelmann aus Villach, der jahrelang eine enge Beziehung zu ihr pflegte, darüber:

»Man hatte der Gräfin gegenüber nicht immer einen leichten Stand. So sehr sie bei allem ihrem Tun von der Liebe Christi durchdrungen war, so nahm sie doch der ›Kirche‹ gegenüber eine durchaus selbstständige Haltung ein; die Überzeugung, zu ihrer Arbeit ›berufen‹ zu sein, verlieh ihr eine fast männliche Entschiedenheit des Handelns. Was ihr einmal als ›des Herrn Wille‹ galt – und dieser Wille wird, wie man weiß, nicht immer vom eigenen reinlich geschieden –, das konnte ihr durch keine kirchliche Satzung, durch keine menschliche Anordnung entkräftet werden. So geschah es, dass sie in den Vertretern ihrer eigenen Kirche, die das gräfliche Evangelisationswerk nur dann für segensreich erachten wollten, wenn es sich in Übereinstimmung mit den Trägern des geistlichen Amtes halte, zeitweilig die Gegner ihres mit so viel Eifer und Selbstverleugnung betriebenen Werkes sah. Indessen ein Bruch wurde doch sorgfältig vermieden. Man vergaß nicht, wie viel die Kirche ihr zu verdanken hatte. Mochte sie sich manchmal in ihren Mitteln vergreifen, mochte ihre Absicht zuweilen missdeutbar sein, ihre Beweggründe waren immer lauter, immer war es die Menschenseele, die sie in selbstloser Liebe suchte, für Christus zu gewinnen trachtete.«

Gräfin de La Tours Ziel war die Gemeinschaft der Gläubigen. Das Zusammenstehen der Christen in gemeinsamer Fürbitte und tatkräftiger Liebe war für sie Grundbedingung für das Erwachen neuen Lebens. Tiefen Eindruck hatten ihr die Worte in Hudson Taylors Lebensbild gemacht, *»dass, wenn der vollste Segen kommen soll, vereinigtes Zusammenwirken des ganzen Leibes der Gläubigen stattfinden müsse, indem von den Gliedern des ganzen Leibes eines dem andern Handreichung tut nach dem Wert eines jeglichen Gliedes in seinem Maße«.*

Gewissenhaft wollte sie von ihrem Werk alles fern halten, was die Gemeinschaft der Gläubigen stören und Verwirrung anrichten konnte.

Im Jahr 1910 bedrückte es sie sehr, dass zwei junge Brüder,

die mit großer Kraft und Hingabe in den Dörfern gearbeitet hatten, immer mehr zur Pfingstbewegung mit ihrer Irrlehre von der Sündlosigkeit neigten. Schließlich musste sie sich von ihnen trennen. Sie tat das in einer sehr vornehmen Weise, die für sie bezeichnend war, und schrieb im Bericht des Jahres 1911, nachdem sie von der Sache gesprochen hatte: »*Ich freue mich, dass die Trennung in aller Liebe geschehen konnte, und bleibe den lieben Brüdern dankbar für die Liebe, Treue und den Eifer, welche sie in der ihnen anvertrauten Arbeit stets an den Tag gelegt haben ... Mögen sie in diesen Worten den Ausdruck der treuen, freundschaftlichen Gesinnung hinnehmen, welche ich ihnen stets bewahren werde.*«

Ganz besonders freute sie sich über jedes Verständnis, das ihr aus dem Kreis der Kärntner evangelischen Pfarrerschaft für ihre Arbeit entgegenkam. So berichtete sie im Sommer 1910 mit Freuden, dass eine zu diesem Zweck in Villach zusammengetretene Pastoralkonferenz Satzungen für die Gemeinschaftsarbeit aufgestellt habe, die sie mit Freuden als wertvolle Richtlinien anerkennen könne.

Als dann einige Jahre später endlich die Satzungen der Blaukreuzarbeit amtlich anerkannt wurden, war damit auch dem Evangelisationswerk eine festere Grundlage gegeben, da die Evangelisten gleichzeitig auch die Vertreter der Blaukreuzarbeit waren.

*

Das hat sich dann aber nach dem Tod der Gräfin nicht bewährt. Das Blaue Kreuz und die Gemeinschaftsarbeit gingen später eigene Wege.

Blicke in das persönliche Leben der Gräfin de La Tour

Wie gestaltete sich nun das persönliche Leben der Gräfin nach dem Tod ihres Mannes? Die Frage liegt nahe, nachdem wir der Weiterentwicklung ihres Werkes gefolgt sind und sahen, wie ihre Aufgaben von Jahr zu Jahr wuchsen und eine ungeahnte Ausdehnung erhielten. Außerdem ist zu bedenken, dass sie als Witwe auch noch für die Bewirtschaftung von zwei großen, räumlich getrennten Gütern sorgen musste, die bisher ganz zum Aufgabenbereich ihres Mannes gehört hatten. Dabei empfand sie die Verpflichtung, die Bewirtschaftung der Güter möglichst ertragreich zu gestalten, da die Einnahmen zum Unterhalt des Werkes dienen mussten und das Leben von Hunderten daran hing.

Daher ist es nur natürlich, dass sie sich in ihrem Freundes- und Verwandtenkreis nach Hilfe umsah. Es ergab sich, dass bald nach dem Tod des Grafen ein sehr viel jüngerer Vetter von ihm, Herr Rudolf von Gall, gerade seine Studien beendet hatte. Während der junge Mann sich nach einem Wirkungskreis umsah, traf im Juli 1894 ein Telegramm der Gräfin bei ihm ein, worin sie um sein Kommen bat. Er reiste sofort ab, ahnungslos, dass diese Reise eine Lebenswende für ihn bedeuten würde.

Die Gräfin trat mit der Bitte an ihn heran, ihr in der Bewirtschaftung der Güter und in der Führung ihrer geschäftlichen Angelegenheiten zur Seite zu stehen. Gern sagte er zu und blieb bei der »Tante«, wie er sie um des großen Altersunterschiedes willen nannte.

Aus dem ersten Versuch wurde eine dauerhafte Verbindung. Vor allem, als Herr von Gall ein paar Jahre später eine junge Frau ins Haus brachte und dann auch bald ein paar süße Kinder kamen, war es, als erlebe die Gräfin in dem Glück des jungen Paares etwas mit von dem Glück, das ihr in ihrer Ehe nicht zuteil geworden war.

Besonders die beiden Kinder, ein Junge und ein Mädchen, waren ihre ganze Lebensfreude. Der jungen Mutter wird es nicht immer leicht gefallen sein, ihre Rechte »Omeli« gegenüber zu wahren.

»Omeli«, der Kosename, den ihr die Kinder gaben, wurde ihr liebster Name. Mutter eigener Kinder durfte sie nicht sein, aber in das ihr geschenkte Großmutterverhältnis ließ sie ihre ganze Liebe einströmen. Wer sie damals unter den Kindern, auch den Heimkindern, sah – und es zog sie meist zu den Kleinsten –, der hatte den Eindruck: »Eine rechte Großmutter!«

Mit den Kindern wurde sie trotz des schneeweißen Haares und der unaufhaltsam fortschreitenden Zahl der Jahre wieder jung. Sie ließ sich Noten für Kinderlieder kommen und übte sie mit den beiden Kleinen, die glückstrahlend auf ihrem Schoß saßen oder neben ihr am Harmonium standen. Sie spielte mit ihnen, und trotz ihres terminlich ausgefüllten Tages hatte sie immer Zeit für die Kinder.

Einen ergreifenden Blick in das Verhältnis zu den Kindern – insbesondere zu dem kleinen Theodor, dem von Gallschen Söhnchen – lässt uns ein kleines Erlebnis tun, bei dem sie aus liebendem Eingehen auf die Wünsche des Kindes sogar in ernste Lebensgefahr geriet.

Sie erzählte darüber: *»Bei einer Überschwemmung im Herbst nach heftigen Regengüssen ging ich am Ufer unseres bis über den Rand angeschwollenen Flüsschens entlang. Ich führte ein mir besonders liebes Büblein an der Hand, das doch auch in das Wasser sehen wollte, und um es zu schützen, schritt ich knapp an der Wassergrenze und hielt das Büblein an meiner anderen Seite fest. Da rutschte ich ganz unerwartet und sank in das Wasser, das mich fortzog, fand keinen Grund und konnte mich nur am Ufer festhalten. Das Büblein schrie und weinte. Da eilten zwei uns ganz fremde Schulbuben herbei und hielten mich an den Armen fest, bis jemand kam und mich aus dem Wasser zog. Meine Erregung war so groß, dass ich keine Kälte oder Nässe spürte und in nassen Kleidern nach Hause ging,* *tief bewegt über die Errettung, die es mir verkündete: ›Der Herr wollte deinen Tod nicht. Du sollst noch leben und ihm dienen!‹«*

*

Wie überhaupt meist bei Leuten, die viel im Leben leisten, weil sie sich für ihre Zeit Gott verantwortlich wissen, hatte das Leben der Gräfin eine bis ins Detail geregelte Einteilung. Den Winter und das Frühjahr verbrachte sie in südlichen Gefilden, in Russiz. Wenn der Sommer kam, ging sie nach Treffen mit seinen schattigen Wäldern, um wie die Zugvögel mit Hereinbrechen des Herbstes wieder in Richtung Süden zu ziehen.

Diesen großen Umzug machten jedes Mal alle Hausangestellten mit, während die Gräfin zu kürzeren Besuchen meist nur in Begleitung einer treuen Angestellten nach Treffen hinüberkam. Es gab so vieles in der Verwaltung des Gutes und im Anstaltsleben, wonach sie von Zeit zu Zeit persönlich sehen musste. Es war dann wohl ein wenig öde in dem großen Gebäude mit den riesigen Hallen und den vielen Räumen, von denen nur das Wohnzimmer der Gräfin geheizt wurde. Aber in der kurzen Zeit musste immer so viel erledigt werden, dass sie die Einsamkeit wohl kaum als bedrückend empfand.

Im Übrigen gab es sowohl in Russiz als auch vor allem im Sommer in Treffen eine Überfülle von Gästen. Gerne lud die Gräfin Freunde, Hilfs- und Erholungsbedürftige für längere Zeit auf ihre Güter ein. Und mancher leidende Mensch regenerierte sich in der herrlichen Luft und guten Pflege. Für diese Hilfe erfuhr die Gräfin auch viel Dankbarkeit.

Da war zum Beispiel ein einfacher deutscher Handwerker in Villach. Schon als junger Mensch hatte er ein Lungenleiden und brauchte dringend eine Kur, zu der ihm die Mittel fehlten. Die Gräfin hörte von ihm und ließ ihn nach Russiz kommen. Hier stellte sie ihn unter ärztliche Behandlung und übertrug seine Pflege dem Diener Domenico. Aber auch persönlich wachte sie über seinem Ergehen und freute sich über jeden gesundheitlichen Fortschritt. Nach einigen Monaten konnte er völlig genesen wieder nach Hause fahren.

Einem ihrer Kärntner Evangelisten, der anscheinend auch erholungsbedürftig war, schrieb sie, er könne immer, wenn er sich irgendwie angegriffen fühle, auch ohne weitere Anmeldung zum Ausruhen nach Russiz kommen. Sie bildete dabei das hübsche Wortspiel:»Russiz – Ruhesitz«.

Aber auch der Name Treffen ist nicht weniger bezeichnend. Hier war tatsächlich im Sommer ein großes »Treffen« aller nur denkbaren Leute, die die Gastfreundschaft der Gräfin erfuhren. Eine schwäbische Pfarrfrau, die als junges Mädchen zum ersten Mal im Sommer 1906 Gast in Treffen war, erzählte: »*Ganz märchenhaft schien es mir, dass mich Frau Gräfin für viele Wochen auf ihr Schloss einlud. Auf der Reise trafen wir – Fräulein Ziegler und ich – mit ihr zusammen. Sie kam von Hauptweil. Sie machte mich besonders auf die Dolomiten aufmerksam, die damals in der Abendsonne glühten. Nachts zwischen zwölf und ein Uhr holte uns der gräfliche Wagen in Villach ab. Und nun durfte ich sechs Wochen in Südösterreich verbringen, fünf auf Schloss Treffen und eine in Russiz.*

Mit uns zusammen war ein älteres Fräulein Leibfried aus Isny gereist; sie sammelte sehr viel für Treffen. Frau Gräfin hatte sie zum Dank eingeladen. Auch sonst waren Gäste aller Art im Schlosse vereinigt: Verwandte der Gräfin mit Kindern und Dienerschaft, die für längere Zeit zur Erholung da waren. Dann wieder Pfarrer und Missionare, Prediger und Brüder, die besonders über das Fest zahlreich im Schlosse weilten. Dann Verwandte ihrer Mitarbeiter; ferner einzelne Schützlinge, die ihr zum Zurechtbringen anvertraut waren. Es war eine überaus bunt zusammengewürfelte Tafelrunde, die die größten Gegensätze vereinigte: Leute aus der feinsten Gesellschaft und ganz einfache Leutlein, die mit ihr auf dem gleichen Glaubensboden standen. Sie präsidierte mit Hoheit und Anmut zugleich und überbrückte alle diese Gegensätze in ihrer Person. Neben ihr thronte auf einem Kissen ihr Liebling, der Großneffe Theodor von Gall, genannt Bubi. Dieser wusste sich schon mit vier Jahren sehr manierlich zu benehmen und durfte nach jeder Mahlzeit das Dankgebet sprechen: Danket dem Herrn, denn er ist freundlich und seine Güte währet ›ewelich‹ ... Dieser Liebling und ich hatten auch das Vorrecht, fast jeden Tag mit Frau Gräfin auf ihrem Ponywagen ausfah-

ren zu dürfen. Sie kutschierte selbst mit großer Sicherheit. Hinten saß der treue Domenico, ein Russizer Anstaltskind, der sonst bei den Mahlzeiten mit weißen Handschuhen servierte. Zu uns beiden sagte sie: ›Weil ihr so dünn seid, dürft ihr neben mir sitzen.‹ Die Fahrten gingen meist nach Villach zu Einkäufen, manchmal auch zum Ossiacher oder St. Leonharder See, wo die Gräfin mit Lust badete und sich für ihre viele Arbeit neu stärkte.«

Trotz dieser großen Menge von Gästen ging das Leben im Hause, vor allem der Tag der Gräfin, einen völlig geregelten Gang. Bereits um sieben Uhr morgens gab es Frühstück. Da mussten alle bereit sein. Die Gräfin sah es nicht gern, wenn einer der Gäste dabei fehlte. Sie selbst hatte öfter schon vorher manches erledigt, vor allem sich Zeit für die Morgenandacht genommen. Nach dem Frühstück war die gemeinsame Andacht. Wenn kein Pfarrer anwesend war, hielt die Gräfin sie selbst. Das ganze Haus nahm daran teil. Wenn nicht so viele Gäste anwesend waren, saß die Hausgemeinde um den runden Tisch, und die Andacht gestaltete sich dann als eine Art Austausch. Sie freute sich über frische und fröhliche Antworten, konnte aber beim Versagen mit einem leisen Vorwurf in der Stimme bemerken: »So, das weißt du nicht?«

Wie ihre einstigen Sonntagsschulkinder, so erinnern sich auch die jungen Menschen, die durch ihr Haus gegangen sind, gern an die Andachten der Gräfin, weil jeder spürte, dass alles Leben und nichts bloße Form war.

Nach der Andacht ging sie gleich an die haushälterischen Pflichten und besprach mit der Köchin jede Einzelheit des Haushalts. Es ist erstaunlich, wie sie auch auf das Kleinste achtete und wie sie ihre Mitarbeiter zu peinlicher Gewissenhaftigkeit erzog. Nicht das Geringste durfte verkommen. Über die Verwendung jeden Restes musste Rechenschaft abgelegt werden.

»Von Frau Gräfin konnte man wohl das rechte Haushalten lernen«, sagte mir eine liebe Frau, die einige Jahre Köchin in Schloss Treffen gewesen war. *»Nichts übersah sie. Nichts durfte achtlos vertan werden. Auf jede Unregelmäßigkeit machte sie einen aufmerksam. Wie viel verdanke ich ihr für die Führung meines eigenen Haushaltes!«*

Herr Rektor Kullen aus Hülben erzählte, wie er einmal beim Besuch der tadellos eingerichteten Ställe den Melker um ein Glas der schäumenden Milch bat, aber zur Antwort erhielt, dass er aus dem Stall nichts abgeben dürfe und für jeden Liter Milch verantwortlich sei.

»*Wäre die Gräfin dabei gewesen, hätten wir natürlich Milch trinken dürfen, so viel wir wollten*«, fügte er hinzu. »*Aber so hatte sie ihre Leute zu allergrößter Gewissenhaftigkeit erzogen.*«

Fast könnte man einen Widerspruch sehen zwischen der großen Sparsamkeit einerseits und den großen Summen von Tausenden und Zehntausenden von Kronen andererseits, die sie jährlich für das Werk ausgab. Aber bedingte nicht eher eins das andere? Weil sie so treu und genau im Kleinen war, darum hatte sie auch die großen Summen zur Hand, wenn sie nötig waren. Und weil für sie alles anvertrautes Gut war, darum fühlte sie sich eben auch für alles verantwortlich.

Die gleiche Sparsamkeit verlangte sie allerdings auch von ihren Mitarbeitern. Sie sah alles. Wenn etwa ein Ofen nicht richtig geschlossen war, sodass unnötig Feuerung verbraucht wurde, so bemerkte sie das gleich und brachte es selbst in Ordnung. Oder ein ehemaliges Heimkind erzählte, wie sie, wenn sie den Jungen beim Kartoffelschälen zusah, ihnen das Messer aus der Hand nahm, um ihnen das richtige, sparsame Schälen mit dünnen Schalen zu zeigen, damit nichts verloren gehe.

Solch eine große Sparsamkeit im Anstaltsleben durchzuführen, war nicht immer leicht. Bei den vielen, die versorgt werden wollten, bei der oft ungenügenden Hilfe, die man an den halben Kräften von Kindern und Alten hatte, bedeutete eine solche Sparsamkeit eine große Vermehrung der Arbeit für die Hauseltern und leitenden Angestellten.

Und doch war die erzieherische Wirkung nicht zu unterschätzen. Die Kinder lernten so den Umgang mit anvertrautem Gut.

*

Nach der Erledigung der hauswirtschaftlichen Fragen ging die Gräfin fast täglich in die verschiedenen Häuser. Sie kannte jedes

Kind, jeden Alten und sorgte dafür, dass den Hilfsbedürftigen die bestmögliche Hilfe zuteil wurde. So wunderte sich mancher Gast, wie liebevoll und leutselig sie mit den zusammengehutzelten und zum Teil unappetitlich aussehenden alten Weiblein umging. »Wenn Frau Gräfin zu uns kam, dann war's uns, als ob eine Mutter käme«, sagte ein einstiger Schüler von Herrnhilf, der später in der Landwirtschaft der Einrichtung tätig war. Besonders lieb war ihr das Kinderheim mit den Kleinen und Allerkleinsten. Befand sich dort ein armes Würmchen, das sie vielleicht selbst in Schmutz und Lumpen in einem Stall gefunden hatte, wie einst die kleine Olga oder das »Peterle«, ein besonders elendes Kind, so gehörte dem ihre ganz besondere Liebe. *»Es war mir ganz rührend«, erzählte Frau Pfarrer H., »wie die viel beschäftigte Gräfin Zeit fand, immer wieder nach dem Peterle zu sehen und zu fragen. Ein anderes Kind, das gerade Gegenteil vom Peterle, ein lebensvolles kleines Mädchen namens Liebtraut, ist mir auch noch besonders in Erinnerung geblieben. Es war das Kind eines Professors aus Klagenfurt, das jüngste von sechs Kindern. Bei seiner Geburt war die Mutter gestorben. Der evangelische Mann wusste keinen anderen Rat, als das Kind zur Gräfin nach Treffen zu bringen. In unzähligen Fällen war es so. Bei allem sollte die Gräfin Rat wissen. Ihr Briefwechsel war daher auch gewaltig und nahm einen großen Teil ihrer Zeit in Anspruch.«* Ihre Korrespondenz war auch deshalb so umfangreich, weil sie sowohl mündlich als auch brieflich jede Angelegenheit der Arbeit aufs Genaueste abhandelte. Wenn sie nicht anwesend war und es irgendeine besondere Frage zu erledigen gab, dann folgten die Briefe mit erstaunlicher Schnelligkeit.

Aber sie ging nicht nur durch die einzelnen Häuser, um nach dem Rechten zu sehen. Sie war überall, wo es etwas zu helfen, zu raten, zu mahnen, zu trösten gab. In nächster Nachbarschaft des Schlosses lebte eine Familie auf einer Kleinbauernstelle. Der Vater war alkoholabhängig, und schon während einer längeren Krankheit – noch zu Lebzeiten des Grafen – hatten sich Graf und Gräfin mit hingebender Fürsorge persönlich seiner angenommen. Während eines Hochwassers verlor er das Gleichgewicht und ertrank in den Fluten.

Zuerst wurde das Unglück im Schloss gemeldet. Ohne Zögern ging die Gräfin hinunter zu der Frau, die noch keine Ahnung davon hatte, dass sie Witwe geworden war. In liebevoller, schonender Weise teilte die Gräfin ihr den Tod ihres Mannes mit. Dann kniete sie mit ihr nieder und betete aus tiefstem Herzen. Nie werde sie vergessen, wie die Gräfin ihr in jener Stunde geholfen hatte, äußerte die Frau später.

Die Kinder dieser Familie gingen in die evangelische Schule und waren Sonntagsschüler der Gräfin. Mit besonders warmer Anteilnahme verfolgte sie den Weg der beiden kleinen Mädchen, die heute tüchtige Frauen und frohe Mütter sind. Einmal traf sie die heranwachsenden Mädchen bei der Rübenernte. Sie blieb stehen, schaute einen Augenblick zu und fragte sie ganz unvermittelt: »*Wollt ihr nicht einmal Diakonissen werden?*« Am liebsten ging sie, wie es in ihrer Art lag, geradewegs auf ihr Ziel zu.

Die beiden Mädchen waren völlig überrascht. Nie hatten sie solche Gedanken gehabt. Aber bei der einen blieb die Frage haften und ließ sie nicht mehr los, bis sie tatsächlich ins Vandsburger Diakonissenhaus, dessen Schwestern ja in Treffen arbeiteten, eintrat. Später führte sie ihr Lebensweg mit einem der Kärntner Evangelisten zusammen.

Für die Gräfin war dieses kleine Vorkommnis bezeichnend. Trat sie mit solch einer lebensentscheidenden Frage an irgendjemand heran, dann war es kein äußerer Bekehrungseifer, vielmehr war es der innere Auftrag, das ernste Bewusstsein der Mitverantwortung für die Menschen, die Gott in ihren Weg gestellt hatte.

Darum erreichte sie mit ihren Gewissensfragen auch häufig die erhoffte Wirkung: Ein Stachel blieb in der Seele. Manch einer, der mit ihr in Berührung gekommen war, bezeugte mit Dank, dass dieser Kontakt für ihn der Anstoß »zu einer ewigen Bewegung« geworden war.

Ihre Wege, auf denen sie um die Menschen warb, führten sie oft in die umliegenden Dörfer. Wo sie von besonderer Not oder großer Sünde, aber auch von besonderem Verlangen nach Gottes Wort bei Alten und Kranken hörte, die selbst nicht zur Kirche konnten, da stattete sie einen Besuch ab.

Besonders häufig führte sie ihr Weg in das fast rein evangelische, wunderschön gelegene Dorf Arriach. Soweit es ohne größere Anstrengung für die Pferde möglich war, fuhr sie meist. Dann ließ sie den Kutscher mit den Pferden an einer geschützten Stelle halten und stieg mit der sie begleitenden Schwester oder einem Gast zur Hochebene hinauf, in dem das Dorf lag. Hier nahmen sie in der einfachen Dorfschänke »Zum Rainer« eine bescheidene Mahlzeit ein, und dann ging es weiter zu den an den Berghängen verstreuten Höfen.

Manch einem ihrer des Bergsteigens ungewohnten Begleiter ging der Atem aus, wenn es höher und höher hinaufging, die Gräfin immer voran.

Fast immer war es ein besonderer Auftrag, mit dem sie kam. Entweder galt es, ein wild zusammenlebendes Paar zu bewegen, eine christliche Ehe zu schließen oder einen Krankenbesuch abzustatten, oder sie ging einem ihrer Schützlinge nach, den sie gefährdet glaubte.

Wenn es irgendwie möglich war, sammelte sie bei solch einem Besuch die Familie des Hofes um Gottes Wort. Und da saß dann die vornehme weißhaarige Dame in der rauchigen Bauernstube, umringt von Alt und Jung, und sprach mit ihnen über das Evangelium.

»Sie war eine Beterin«

Jetzt wollen wir einen Blick auf die stärkste Kraft ihres Lebens werfen, in der ihr ganzer Lebenserfolg wurzelte. Es war dies ihr Gebetsleben. »Sie war eine Beterin.« Dieses Urteil fällte einer ihrer treuesten Mitarbeiter am Aufbau des Gemeinschaftslebens in Österreich über sie. »Sie war eine Beterin«, das tritt uns auch aus allen ihren Aufzeichnungen, all ihren Briefen, die uns heute noch zugänglich sind, entgegen.

Mochte man im Einzelnen mit ihren Entschlüssen und Maßnahmen nicht immer einverstanden gewesen sein, konnte man den Weg, den sie ging, nicht immer mit innerer Freudigkeit mitgehen – jeder, der mit ihr zu tun hatte wusste, dass sie all ihr Handeln vor das Angesicht Gottes gestellt hatte, und nichts tun wollte, was ihrer Überzeugung nach nicht sein Wille war. Mochte sie in dem einen oder andern Fall auch irren, mochte ihr starkes Temperament ihr den Blick für den rechten Weg getrübt haben, jedenfalls wollte sie nie etwas, worum sie nicht mit großem Ernst um Gottes Leitung gebeten hatte.

Ganz kostbare Worte schrieb sie zum Beginn des Jahresberichtes von 1912, die einen tiefen Einblick in ihr Leben vor Gott geben. Da heißt es:

»Von Gott erbeten. – O wundersames Wort, wie hast du mich stets emporgehoben aus den Dunkelheiten und Mühsalen des Lebens und in das Licht des göttlichen Erbarmens und der Liebe versetzt, da keine im Glauben dargebrachte Bitte unerhört bleiben kann.

Dies habe ich zu allen Zeiten und auch im vergangenen Jahr erfahren dürfen.

Ich musste aber auch wieder lernen, wie die Not, die Anfechtung und die Kämpfe, welche im Leben eines Gotteskindes nie aufhören, dazu dienen müssen, uns aus unserer Trägheit und des Herzens Här-

tigkeit emporzurütteln und im Gebet und Flehen dem zu vertrauen, dem kein Glaube zu schwach, keine Stunde zu spät, keine Not zu groß erscheint. Er, unser Herr und Heiland, wartet darauf, dass wir diesen Weg (des Gebetes) betreten, um uns zeigen zu können, wie groß seine Macht ist und wie gerne er hilft und Gebete erhört.«

Auf den gleichen Ton sind die meisten der Jahresberichte, vor allem aber auch die Briefe an ihre Mitarbeiter, gestimmt. Besonders, wenn es sich um irgendeine Entscheidung handelte, hieß es immer wieder: *»Ich bete für dich.«* Oder: *»Wollen wir eins werden in der Bitte um Klarheit, was des Herrn Wille ist?«*

So schrieb sie einer ihrer einstigen Russizer Pflegetöchter, die sie für einen verantwortungsvollen Posten ausersehen hatte, wozu das junge Mädchen sich aber aus einer ihr lieben Arbeit in Deutschland hatte lösen müssen:

»Dein Brief hat mich vielfach bewegt und mich ins Gebet getrieben, denn es ist doch mein alleiniger Wunsch und gewiss auch der deinige, in dieser für uns so wichtigen Sache Gottes Weg zu erkennen und einzuschlagen. Dies muss erbeten sein, und darin wollen wir beharren, nicht wahr? Wollen nur auf ›Ihn‹, nicht auf Menschen sehen. So wolle uns der Herr Gnade, Weisheit, Kraft und Treue schenken. Dann muss es gut ausgehen … Triest kann für dich auch nur ein Glaubensweg sein, da du von menschlichen Stützen absehen musst; denn diesen Charakter trägt jeder im Glauben und Gehorsam an den Herrn gewählte Weg an sich. Dies finden wir im Worte Gottes klar ausgedrückt. Der Herr allein kann Gnade geben, dass wir solchen Weg einschlagen. Da darf keine Überredung von Menschen mitwirken … Wir wollen und dürfen uns ja mit Gottes Kindern beraten und besprechen. Aber zuletzt müssen wir doch sagen: ›Herr, nun weißt du alles, und nun mache du es mir ganz klar, was ich zu tun habe. Du weißt, dass ich nichts anderes will als deinen Ruf erkennen, vernehmen, folgen! … Im Gebet bleiben wir vereint. Das Weitere lege ich in Gottes Hand.‹«

Überhaupt gab es wohl nichts in ihrem persönlichen Leben und in dem des Werkes, was sie nicht dauernd vor Gott brachte, ja, wir können sagen: vor seinem Angesicht durchlebte. Das gab all ihrem Handeln die große klare Linie und Folgerichtigkeit.

Jeden Mittwoch kamen die Mitarbeiter zu einer Besprechung unter Leitung der Gräfin zusammen, in der die Angelegenheiten der Häuser beraten wurden. Auch diese Zusammenkünfte waren vom Geist des Gebets getragen. So schrieb Hausvater Gienger anlässlich einer Erweiterung von Herrnhilf in einem Bericht:

»Frau Gräfin machte mir den Vorschlag, falls es Gottes Wille wäre, durch einen Anbau den nötigen Platz zu schaffen. Die Mitarbeiter der ganzen Sache in Treffen vereinigten sich mit Frau Gräfin zum Gebet um die Willensoffenbarung des Herrn. Es handelte sich doch nicht nur um den Anbau mit seinen Kosten, um die Unterbringung von weiteren fünfzehn bis zwanzig Kindern, sondern auch die entsprechende Erziehung und Versorgung nach Seele, Leib und Geist mit vermehrten Arbeitskräften und Auslagen stand im Gefolge. In der Erkenntnis, dass die Ausführung des Baues nach Gottes Willen sei, traf Frau Gräfin die nötigen Anordnungen zum Beginn des Baues und stellte die weiteren Sorgen dem Vater der Waisen anheim.«

Die treue Beterin durfte die Erfahrung machen, die allen geschenkt wird, welche Gott ganz ernstlich beim Wort nehmen und seinen Verheißungen trauen. In kleinen wie in großen Dingen erlebte sie es, wie Gott Gebete erhört.

Vor dem Jahresfest am 15. August beispielsweise war schönes Wetter, das so sehr zum Gelingen des Festes nötig war, eines ihrer dringenden Gebetsanliegen, worin sie von der ganzen Mitarbeiterschaft unterstützt wurde. Und tatsächlich, so drohend es auch vorher ausgesehen haben mochte, am 15. August lachte immer die Sonne vom Himmel und erfreute die Menschen in den Kärntner Bergen, die sich schon so lange auf das Fest gefreut hatten.

Eine andere offensichtliche Gebetserhörung schilderte die Hausmutter aus Treffen:

»Es war mehrere Jahre vor dem Krieg. Da brannte ein Wald über Sattendorf (am Ossiacher See) schon drei Tage. Trotz aller Löschmittel nahm der Brand an Ausdehnung zu, hauptsächlich in die Höhe. Dort ganz in der Nähe befand sich ein Stück wertvollen Hochwaldes der Gräfin. Es wurde Sonntag. Nur noch ein schmaler Fußpfad trennte den Brandherd vom Walde der Gräfin. Der Wald schien verloren. Hier und dort neigten sich bereits die von der Glut verseng-

ten Kronen. *Frau Gräfin schickte einen Boten vom Schloss mit der Bitte: ›Helft beten. Wir brauchen ja den Erlös des Holzes zum Unterhalt der Anstalt.‹ Die Mitarbeiter kamen sogleich der Aufforderung nach. Und was geschieht! Ein schweres Gewitter setzt ein. Der Wind, der die Flammen dem bedrohten Wald zuführte, dreht sich. Zugleich kommt ein heftiger Regen. Die erbetene Hilfe war da. Vorher hatte eine ganze Woche hindurch Hochsommerhitze geherrscht.«*

Für die Entwicklung der Einrichtung am folgenschwersten war wohl die Gebetserhörung und innere Leitung, die sie bei der Berufung des Hausvaters Gienger für Herrnhilf erlebte. Er war nicht nur jahrelang ihre Hauptstütze in der Arbeit, sondern führte auch nach ihrem Tod das Werk durch schwerste Zeiten hindurch.

Es war im Sommer 1908. In Herrnhilf hatte die Leitung gewechselt. Der Nachfolger des ersten Hausvaters Ziegler, Herr Dopplinger, wollte die Erziehungsarbeit niederlegen und lieber die Leitung der Evangelisation übernehmen. Die Frage nach einem geeigneten Nachfolger, dessen Erziehungsziel mit dem ihren, die Kinder zu Jesus zu führen, übereinstimmte, war ihr ein ernstes Gebetsanliegen.

Für einige Wochen hielt sich die Gräfin in Hauptweil auf, der christlichen Erholungsstätte von Pfarrer Stockmayer. Dort war auch schon seit längerer Zeit ein junger Mann aus Württemberg. Er hatte seine Arbeit in einem Heim in Nagold niedergelegt und war durch verschiedene Umstände, in denen er nur Gottes leitende Hand sehen konnte, nach Hauptweil geführt worden. Hier hatte er die innere Antwort bekommen, dass er an diesem Ort den Ruf in eine Arbeit erhalten werde, die Gott ihm bestimmt habe. Dass diese Weisung wirklich von Gott kam, war ihm so sehr zur Gewissheit geworden, dass er Woche um Woche wartete, bis Gott ihn rufen würde.

Und nun lassen wir ihn selbst erzählen:

»Endlich in der achten Woche erschien die vom Herrn Gesandte in der Person von Frau Gräfin de La Tour. Als ich Frau Gräfin gegenübersaß am Tisch, an dem ich schon so manchmal mit heißer Sehnsucht nach dem ausschaute, der meinem Warten ein Ende ma-

chen sollte, hörte ich eine innere Stimme sagen: ›Diese ist's‹ ... *Nie hörte ich zuvor von Frau Gräfin de La Tour, so wenig als von dem Werke der Anstalten, die durch Frau Gräfin betrieben und erhalten wurden. Da ich aber schon so lange gewartet hatte, wollte ich auch den Schluss nicht selber machen, sondern wartete, bis ich gerufen wurde, was schon am nächsten Tage geschah. Frau Gräfin trug mir die Stelle eines Knabenaufsehers in ›Herrnhilf‹ (Treffen) in Kärnten an. Sowohl Frau Gräfin als auch ich konnten uns nicht gleich entschließen, den Kontrakt festzumachen, sondern brachten die Sache vor den Herrn zur Entscheidung. Nach viertägigem Harren ließ mich der Herr deutlich erkennen, dass dies der Weg für mich sei. Zugleich gab der Herr Frau Gräfin die Freudigkeit, im Glauben zuzugreifen; bald war der Beschluss gefasst, dass ich zuerst zur näheren Orientierung nach Herrnhilf abreiste, um am 1. Oktober mit meiner Frau den Posten anzutreten.«*

So kann auch über diese wichtige Fügung in der Geschichte des Werkes das Wort gesetzt werden: »*Von Gott erbeten.*« Die Gräfin sah dann auch in der Folgezeit in Hausvater G. den Mann, welchen sie »*im Glauben als den vom Herrn in die Arbeit nach Treffen Berufenen und dahin Geführten erkannt und aus seiner Hand empfangen hatte*«, wie sie in einem Brief schrieb. Das stärkte das gegenseitige Vertrauen und wirkte sich günstig in dem gewiss nicht immer leichten Zusammenarbeiten aus.

Da es dem Werk immer wieder an geeigneten Helfern mangelte, war es ein günstiger Umstand, dass mit der Zeit noch zwei Brüder und zwei Schwestern in Treffen Hausvater Gienger zur Seite traten und eine junge Schwester der Hausmutter die Küche in Herrnhilf übernahm.

An die Reise der jungen Hauseltern nach Treffen, die unmittelbar vorher geheiratet hatten, knüpfte sich ein kleines Geschehen an, das für die liebevolle Hilfsbereitschaft der Gräfin bezeichnend war, die aber auch die gleiche Hilfsbereitschaft von ihren Mitarbeitern erwartete. Sie scheute sich auch nicht, von ihnen ein Opfer zu verlangen.

Ein junges Mädchen aus Württemberg, das um eines schweren Herzleidens willen seinen Beruf hatte aufgeben müssen, hatte von der Gräfin und ihrem Liebeswerk gehört. Seitdem lebte in ihr nur der eine Wunsch, nach Treffen zu reisen und dort mit der ihr noch verbliebenen Kraft mitzuarbeiten. Die Gräfin hörte davon, war sofort bereit, sie aufzunehmen, und bat die neuen Hauseltern, sie gleich mitzubringen.

Für das junge Paar war das keine leichte Zumutung, denn die Reise nach Kärnten war gewissermaßen die Hochzeitsreise. Und nun hatten sie als Reisebegleitung ein krankes Mädchen, das manche Hilfeleistung und Betreuung brauchte.

In Treffen erholte sich Fräulein Frida, wie sie im Heim später genannt wurde, ein wenig und konnte dann in der Flickstube mitarbeiten. Vor allem aber hatte ihr freundliches, ausgeglichenes Wesen einen wohltuenden Einfluss auf Kinder und Alte. Zum Frühjahr aber verschlimmerte sich ihr Zustand; jede Hoffnung auf Genesung schwand.

Und nun folgen wir weiter der Erzählung von Hausmutter G.:

»Als Frau Gräfin im Vorsommer von Russiz kam und die Kranke so leidend fand, erregte dies ihr ganzes Mitgefühl. Fast täglich kam sie vom Schloss herüber zu einem Besuch. Wie wohl taten der Kranken diese Besuche! Einmal nach dem Weggang der Gräfin sagte Fräulein Frida mit leuchtenden Augen: ›Denkt nur, Frau Gräfin gab mir einen Kuss.‹ Als die Tage des Leidens schwer wurden und die Nächte so lang, kam Frau Gräfin einmal abends noch recht spät und sagte: ›Es lässt mir keine Ruhe, wir müssen noch für unsere kranke Schwester Frida beten. Wo ist Br. Fr.?‹ Auf unsere Antwort: ›Fr. ist zu Bett gegangen‹ (es war in der Ernte), sagte Frau Gräfin: ›Er soll nur aufstehen. Die arme Kranke braucht Hilfe.‹ Bruder Fr. stand auf; wir beteten alle zusammen, und spät war es, als Frau Gräfin zu Fuß sich auf den Heimweg machte. Aber es machte sie glücklich, diesem kranken Menschenkind einen Liebesdienst getan zu haben. Nur noch wenige Wochen ging's, dann durfte unsere Frida heimgehen.«

Reisen und Ruhen

D er Blick in das Leben der Gräfin wäre unvollständig, wenn wir sie nicht auch auf ihren Reisen begleiten würden. Fast in jedem Sommer fuhr sie nach Deutschland oder in die Schweiz. Sie verfolgte damit mehrere Ziele. Eines war, wie wir schon hörten, »die Gemeinschaft der Heiligen«, die Vereinigung der Glieder des Leibes Christi zu gemeinsamem Dienst in gemeinsamer Liebe. Tersteegens Lied »O wie lieb ich, Herr, die deinen, die dich suchen, die dich meinen, o wie köstlich sind sie mir«, war ihr aus der Seele gesungen. Daher suchte sie am liebsten Orte auf, wo sie diese Gemeinschaft zu finden hoffte, wo sie auch einmal nach all der Unruhe und Arbeit ihres Lebens Zeit für sich selbst hatte.

Häufig ging sie nach Hauptweil in der Schweiz, dem Erholungsheim, in dem Pfarrer Stockmayer sein Ideal eines christlichen Zusammenlebens zu verwirklichen suchte. Gern unterwarf sie sich der strengen Hausordnung und wollte sich in nichts über die andern Gäste, vielfach ganz einfache Leute, erheben. Andererseits genoss sie es auch wieder dankbar, wenn sie bei wohlhabenderen Freunden, mit denen sie ihren Glauben teilte, auf äußere Bequemlichkeiten nicht verzichten musste.

Von einer Sommerreise im Jahre 1910 schrieb sie:

»In Bezug auf meine Reise möchte ich noch hervorheben, wie dankbar ich den Engeldienst (ich kann es nicht anders nennen) empfunden habe, welcher mir von lieben Gotteskindern, denen ich zum Teil zum ersten Mal in meinem Leben begegnete und deren Liebe mich tief bewegte, erwiesen wurde. Ich empfing einen lebendigen Eindruck von der Gemeinschaft der Heiligen und freute mich, zu erfahren, wie viel Liebe und Teilnahme für die Reichgottesarbeit in Österreich bei christlichen Kreisen Deutschlands und der Schweiz vorhanden ist.«

Diese Liebe und Unterstützung zu erhalten, war ein weiterer Zweck ihrer Reisen, denn je länger, je mehr wurde die Mithilfe der Freunde eine Lebensnotwendigkeit für ihr Werk. Jeder Hagel, der einen Teil der Ernte in Russiz oder Treffen vernichtete, jede geringere Traubenernte, jedes Fallen der Holzpreise bedeutete für das Werk drohende Not, wenn die Freunde nicht halfen.

Meist wurde die Gräfin auf diesem Reisedienst von ihrer treuen Mitarbeiterin Anna Heber begleitet, mit der sie bald eine herzliche Freundschaft verband. Öffentlich von der Arbeit zu berichten, konnte die Gräfin sich nicht entschließen, da sie eine Scheu hatte, die eigenen Leistungen irgendwie hervorzuheben. Als sie einmal in einem größeren Kreise um einen Bericht aus ihrer Arbeit gebeten wurde, lehnte sie es aus diesem Grunde ab. Später machte sie sich Vorwürfe darüber: »*Denn von dem, was der Herr an mir und durch mich an anderen getan, hätte ich wohl etwas sagen können*«, schrieb sie und fügte hinzu: »*Gewiss hätte der Herr durch eine völlige Hingabe, durch mehr Glauben und Gehorsam meinerseits noch mehr ausrichten können. Dies habe ich manchmal mit Schmerz und innerer Beugung erwogen. Umso größer scheint mir dann meines Gottes Langmut, die uns in unserer Schwachheit trägt und nicht fallen lässt. Er weiß, was für ein Gemächte wir sind. Ihm allein sei Preis und Dank für alles!*«

Bezeichnend für ihre Demut und große Anspruchslosigkeit in Bezug auf ihre Person ist eine kleine Begebenheit während eines Besuches in Aussig. Schwester K. L., ein ehemaliges Russizer Heimkind, nunmehr Leiterin eines Krankenhauses dort, berichtete:

»*Wie schön waren die paar Tage, die Frau Gräfin bei uns mit Fräulein Anna Heber wohnte. Wie freute ich mich für meine lieben Mitschwestern, dass sie die von mir so hochgeschätzte Frau Gräfin kennen lernen durften. Der Umgang mit ihr waren Tage der inneren Erhebung für uns Schwestern. Die Schwestern lernten in ihr ein Menschenkind, eine Gräfin von innerem Adel, kennen, die ihr Leben ganz ohne Rückhalt dem Herrn und Heiland zur Verfügung stellte. Sie lehnte jede gesellschaftliche Stellung in unserer Mitte ab mit der Bitte, sie ganz zu uns zu rechnen.*

Als sie von uns Abschied nahm, bestellte ich einen Zweispänner, der die beiden Damen an die Bahn bringen sollte. Da nahm sie mich bei-

seite und sagte mir, das sei nicht Recht, denn unser Heiland ging auch in Demut und Knechtsgestalt, und sie wolle ihm auch darin folgen. Ich sagte ihr aber, dass der Heiland sich auch von den Frauen Handreichung gefallen ließ, und sie möchte das Zweigespann als kleine Handreichung der Schwesternschaft sich gefallen lassen. Es geschehe aus Dank und Liebe. Frau Gräfin verstand mich und nahm es an. Wir schauten ihr wehmütig nach. Sie hinterließ Spuren des Segens.«

*

Besonders bedeutsam für das Werk wurde ein Besuch der Gräfin im Sommer 1913 bei den leitenden Männern des Gustav-Adolf-Vereins. D. Blanckmeister erzählte davon in einem der Kinderhefte des Gustav-Adolf-Vereins unter dem Titel:»Die Gräfin.«

Im Jahre 1911 war er in Kärnten gewesen und hatte dort die gesegnete Arbeit der Gräfin kennen gelernt. Das ganze Werk, vor allem aber die Persönlichkeit der Gräfin, hatten ihm tiefen Eindruck gemacht.

Er war sehr überrascht, als sie zwei Jahre später an einem Maimorgen mit Fräulein Heber vor ihm in seinem Pfarrhaus in Dresden stand.

»Die edle Frau begrüßte mit bekannter Herzlichkeit den Fremdling, der ihr einst 1911 in Treffen einen Besuch abgestattet hatte«, schrieb D. Blanckmeister.

Aber sie stand diesmal unter einem Druck. Sie ahnte schwere Zeiten und sprach die Befürchtung aus, dass das Werk nach ihrem Tod zerfallen werde. D. Blanckmeister konnte das nicht unwidersprochen lassen und sagte:»*Einer wird sich dann sicher Ihres Werkes annehmen, Frau Gräfin, und dafür sorgen, dass es nicht Schaden leidet.*«

»*Und das wäre?*« fragte sie.

»*Das ist der Gustav-Adolf-Verein*«, antwortete D. Blanckmeister.

Da leuchteten ihre Augen auf. »*Ja, der Gustav-Adolf-Verein, der hat mir bisher treulich geholfen! In seinen Händen weiß ich mein Werk geborgen*«, war ihre Antwort.

*

Aber nicht nur in die Ferne führten sie ihre Wege. Wenn sie wirklich Erholung brauchte, zog es sie in die Höhe, und den herrlichsten Höhenaufenthalt konnte sie ohne weite Reise ganz in der Nähe genießen. Auf der Verdizer Alpe, dem Nachbarberg des Wollank, an dessen Fuß Schloss Treffen liegt, hatte sie in 1500 Meter Höhe eine Jagdhütte. Wie oft war sie mit ihrem Mann dort zur Jagd hinaufgestiegen und hatte als Hausfrau für die hungrige Jagdgesellschaft gesorgt!

Dann, in ihrer Witwenzeit, suchte sie dort oben in stiller Waldeinsamkeit Ruhe und Erholung. Besonders nach dem anstrengenden Jahresfest zog es sie in die Bergeinsamkeit. Der eine oder andere der ihr nahestehenden Gäste durfte sie zuweilen begleiten.

Eine anschauliche Schilderung des Aufenthaltes dort oben gab uns Frau Pfarrer H., der wir hier folgen:

»Diesmal (im Jahre 1906) waren wir, Frl. Ziegler und ich, die Glücklichen, die sie begleiten durften. Die alte Dame ritt, als es steil wurde, auf einem Muli bergan. Ein anderer Muli trug den Proviant. Hier oben war sie ganz Mensch, da durfte sie es sein. Gemütlich war die Hütte eingerichtet und erinnerte sie wohl lebhaft an viele schöne Stunden und Tage, die sie hier oben mit ihrem geliebten Manne verbracht hatte. Da ging ihr der Mund auf, und sie entrollte ihr ganzes Leben vor unseren Ohren und Herzen. Wir sahen da das verwöhnte Kind eines unermesslich reichen Vaters, den es hoch verehrte. Wir sahen aber auch hinein in das Sehnen ihres Herzens nach Mutterliebe. Ihre Mutter ist früh gestorben, und sie war als Älteste von einem großen Geschwisterkreis bald schon eine kleine Mutter. Fest hielten die Geschwister zusammen. Sie sagte, es habe der reinste Korpsgeist bei ihnen den Lehrern, Erziehern und der Dienerschaft gegenüber geherrscht. Unter solchen Erzählungen eilten die unvergesslichen Stunden auf der Hütte schnell dahin. Am Abend traten wir noch hinaus vor die Hütte, und was wir da sahen, das breite Silberband der Drau im Tal, die dunklen Berge in der Ferne, die Kette der Karawanken mit der Pyramide des Mittagskogels, und über allem das sanfte Mondlicht, das war wohl dazu angetan, uns zu andächtigem Schweigen zu bringen.«

Kampferprobt

Wenn wir die leider nur spärlichen brieflichen und gedruckten Aufzeichnungen der Gräfin auf uns wirken lassen, so begegnen wir keinem Wort so häufig wie dem Wort »Kampf«. Wir gewinnen den Eindruck, dass sowohl der reiche Besitz ihres inneren Lebens wie auch der Erfolg ihrer Arbeit nur in heißen Kämpfen errungen worden sind. Von Kampf spricht sie beim Rückblick auf ihr Jugendleben, wo sie als Einzige in ihrem Geschwisterkreis bewusst mit Jesus gelebt hat. Schweren Kampf bedeutete es damals für sie, als sie zu Beginn ihres Lebenswerkes am Scheideweg stand, entweder den Weg der Vereinsarbeit in den gewohnten Bahnen humanitärer Hilfe weiterzugehen oder die Arbeit gänzlich auf den Glauben zu stellen mit dem einen Ziel, die ihr anvertrauten Kinder zu Jesus zu führen. Wie kampfreich dieser Weg gewesen ist, den sie im Gehorsam gegen ihren Herrn eingeschlagen hat, haben wir bereits bei den Auseinandersetzungen gesehen, die sie wegen ihrer Russizer Arbeit mit Rom auszufechten hatte.

Was damals in Russiz begann, war nur der Anfang jener langwierigen, schweren Kämpfe, die sie, je länger, je mehr, um den Bestand ihres Lebenswerkes zu führen hatte. Ein Wunder war es nicht. Das lag sowohl in ihrem Charakter als auch in ihren Arbeitszielen begründet. Sie war eine sehr starke Persönlichkeit, für die es kein Ausweichen nach rechts oder links gab: den Weg, den sie als den rechten erkannt hatte, ging sie mit eiserner Energie weiter, ohne danach zu fragen, ob andere ihn auch mitgehen könnten. Gottes Wille, so wie sie ihn erkannte, stand für sie bergehoch über aller menschlichen Überlegung. Hier gab es für sie kein Nachgeben, keinen Abstrich.

Gottes Wille aber war für sie, verirrte Schäflein in einem geistig toten Land dem guten Hirten zuzuführen und Liebe zu Gott zu wecken. Nun aber stand dies Land unter dem Einfluss der Macht, die einst auch die Not der Gegenreformation über Österreich gebracht hatte, dem politischen Katholizismus. Mit dieser Macht verbündete sich in diesem Fall alles, was dem Evangelium feindlich gesinnt war. So musste sie erleben, dass auch sozialdemokratische und kommunistische Zeitungen sich an der Hetze gegen sie beteiligten, wo doch ihre Arbeit nur den Ärmsten der Armen diente.

So schmerzlich ihr manche Erfahrungen waren, die sie in diesen Kämpfen machte, so stand sie ihnen doch innerlich ruhig gegenüber. Sie kannte den Feind, der letztlich hinter ihren Gegnern stand, aber sie kannte auch die Waffe, gegen die dieser Feind machtlos war. Und so geschah das Wunder, dass trotz aller Anfeindungen und Angriffe ihr Werk bestehen blieb und wachsen konnte.

Selbst ihre Gegner erkannten, dass »eine schützende Hand« über ihr und ihren Häusern waltete, und sprachen es auch gelegentlich offen aus.

Unter dieser schützenden Hand wusste sie sich geborgen. Das gab ihr die Freudigkeit zum Weiterarbeiten, selbst unter den allerschwierigsten Verhältnissen. Sie sah es gewissermaßen als selbstverständlich an, dass ihr der Kampf nicht erspart werden konnte. Immer wieder schrieb sie in diesem Sinne an ihre Mitarbeiter, so z. B. in einem Brief im Jahr 1912: »*Ich habe eben viel Arbeit und dazu manch schweren Kampf, der nicht ausbleibt, wenn man am Aufbau des Reiches Gottes mitwirkt. Da hat man denn mit viel feindlichen Mächten zu tun, die einem hindernd in den Weg treten*«, oder in einem Jahresbericht, 1911: »*Da, wo des Herrn Sache aufgerichtet und verfochten wird, ist der Feind alles Göttlichen, der Satan, umso mehr geschäftig, niederzureißen. Dies haben auch wir erfahren. Wir halten trotzdem an der Hoffnung fest, dass wir des Herrn Hilfe und Segen weiter erfahren und unsere Gebete erhört sehen werden, wenn wir keinen Bann unter uns dulden und in der Kraft Gottes alles hinwegtun, was trennend zwischen uns und unseren Herrn treten könnte.*«

Wie sehr der Weg, den sie ging, für sie der von Gott gewiesene war, zeigen ihre Erziehungsgrundsätze, die sie bei der Arbeit an den Kindern leiteten. Dem jungen Hausvater G. gab sie bald nach seinem Eintritt in Treffen beispielsweise folgende Anweisungen:

»Sie werden, lieber Bruder G., mit mir einig sein, dass ich die Knaben nicht aufgenommen habe, damit sie versorgt sind. Allerdings sollen sie, wie dies in den meisten Fällen zutrifft, der Verarmung und Verwahrlosung entzogen werden, sollen aber doch vor allem so gezogen und erzogen werden, dass sie die Gotteskindschaft erlangen, des Heilandes, dem wir damit dienen und ihn ehren wollen, Eigentum werden. Dies lässt sich nicht erzwingen, das weiß ich. Aber das eine muss erreicht werden, dass die Knaben gehorsam und wahr werden. Also Lüge und Ungehorsam darf nicht geduldet, muss mit eiserner Strenge bekämpft werden. Dies ist das ABC der Kindererziehung ... Das Wort I. Timotheus 3, Vers 4 gilt auch Ihnen. Wenn Sie volle, ganze Autorität als Hausvater über die Ihnen anvertrauten Seelen erlangen wollen, dann erfordert dies eine große Hingabe an des Herrn Sache und muss sich als eine Glaubenstat vollziehen, die ohne jeden Zweifel sich die Verheißung über den Beistand Gottes aneignet. Mögen Sie diesen Weg einschlagen und Sieg erlangen zur Freude des Herrn, zur Ehre und Verherrlichung seines Namens.«

Es würde zu weit führen, wenn wir alle Kämpfe, die sie seit der Gründung des Werkes in Kärnten zu bestehen hatte, an uns vorüberziehen lassen wollten. Die Angriffe und Anfeindungen rissen kaum ab. Dennoch suchte die Gräfin, soweit sie es mit ihrem Gewissen irgendwie vereinbaren konnte, sich an die bestehenden Gesetze und Vorschriften zu halten. Auch ihren Mitarbeitern schärfte sie immer wieder die Beachtung dieser Gesetze ein. So verlangte sie etwa, dass die katholischen Kinder angehalten würden, nichts zu genießen, ehe sie zur Kommunion gingen, oder sie warnte sehr ernst davor, Kindern den Weg zum Übertritt zur evangelischen Kirche irgendwie zu erleichtern. Erst wenn die Heimleitung die Überzeugung hatte, dass es den Kindern ein wirklich ernstes Anliegen war, durften sie nach ihrem vollendeten vierzehnten Lebensjahr zum Konfirmandenunterricht zugelassen werden.

Dennoch kamen immer wieder Fälle vor, wo sie um der Einhaltung der Gesetze willen in schwerste innere Konflikte kam. So sprach einmal ein Mädchen in Treffen vor und bat inständig darum, dass man ihr ihren Säugling abnehme; sie wisse nicht, wohin mit dem Kind. So schwer es der Gräfin fiel, musste sie ablehnen, da die Zahl der katholischen Kinder, die dem Gesetz nach aufgenommen werden durften, bereits erreicht war. Verzweifelt ging das Mädchen mit ihrem Kind wieder fort. Am Tag darauf zog man sie als Leiche aus dem Ossiacher See. Es dauerte lange, bis die Gräfin innerlich darüber hinweggekommen war; sie fühlte sich am Tod des verzweifelten Mädchens schuldig und meinte, sie hätte in diesem Falle die Barmherzigkeit über das Gesetz stellen sollen.

Trotz aller Versuche, die Gesetze zu beachten, spitzten sich die Verhältnisse immer mehr zu. Vor allem wurde ihre Arbeit Gegenstand einer üblen Pressehetze. Im Frühjahr 1914 erschien ein Artikel in einer Kärntner Zeitung unter dem Titel: *»Die Päpstin de La Tour in Kärnten.«* Die Gräfin äußerte daraufhin, die Lage sei so, dass sie sich wohl bald in Kärnten nicht mehr werde zeigen können.

Einer der schlimmsten Ausbrüche des satanischen Hasses gegen die Gräfin und ihr Werk war wohl der Brand, der im September 1912 Treffen heimsuchte. Schon im Juli hatte man Zettel gefunden, worin es etwa hieß: *»Wir sind unser dreißig und sind sehr fleißig, wir legen nicht Eier, wohl aber Feuer. Treffen und Köttwein (ein Nachbargut) muss unser sein.«*

Im Ernst hatte allerdings niemand damit gerechnet, dass diese Drohungen wahr gemacht würden. So war es ein schreckliches Erwachen, als in der Nacht vom 2. zum 3. September plötzlich Feueralarm ertönte und man von den Fenstern des Schlosses in ein Flammenmeer auf dem Gutshof blickte.

Anschaulich schilderte die Gräfin in einem Brief an Pastor Modersohn, den er in »Heilig dem Herrn« veröffentlichte, ihre Eindrücke bei diesem Brand. Sie schrieb: *»Über das mit Holzschindeln gedeckte Schlossdach ergoss sich, durch heftigen Wind getrieben, ein schauerlicher Funkenregen, der einen solchen Schrecken hervorrief, dass verschiedene Bewohner des Schlosses, darunter*

Gäste und Kinder, mit dem Rufe: ›Im Schloss brennt's!‹ schon voll Entsetzen in wilder Flucht dasselbe verließen. Notdürftig bekleidet, liefen die Bewohner in der kalten Nacht zuerst in den Garten und von da durch die alte Lindenallee ins Schulhaus, wo sie von der Lehrersfamilie liebevoll aufgenommen, erwärmt und erquickt wurden. An den Fliehenden vorüber jagten die durch den Brand scheu gewordenen Pferde aus dem Stall. Es war eine Nacht des Schreckens.

Im Schloss war als Erster der Bürgermeister von Treffen mit seinen drei Töchtern die Treppen hinauf bis unter das Dach geeilt, um von da aus das schon erglühende Dach mit Wasser zu begießen, in Ermangelung der noch nicht verfügbaren Feuerspritze. Ich sah einen langen Zug von Frauen, darunter unsere Diakonissen, mit gefüllten Wassergefäßen die Treppen hinaufsteigen und mit geleerten wieder zurückkommen, um die Vorangeeilten stets mit Wasser zu versehen, stundenlang mit durchnässten Kleidern. Der Herr lohne ihnen diese Treue!

Inzwischen betete ich, dass mein treuer Gott und Herr, der mich schon aus so mancher Gefahr gerettet, mich auch diesmal seine mächtige Hilfe erfahren lassen wolle. Mein Herz war bei alledem vollkommen ruhig. Ich empfand keinen Schrecken, keine Angst, dafür ein unbeschreibliches Gefühl des tiefsten Friedens, des vollen Trostes und des unerschütterlichen Glaubens an die Liebe meines Gottes.

Wie dankbar war ich, ja wie ein Wunder erschien es mir, zu vernehmen, dass das ganze Vieh gerettet, kein Mensch Schaden genommen, die Kinder geborgen seien.

Und dann sah ich mein Gebet erhört. Der Wind drehte sich plötzlich und trieb die Flammen in entgegengesetzte Richtung vom Schlosse ab. Im Saal standen die gepackten Koffer. Doch wie wenig hätte gerettet werden können! Dem Herrn sei Dank für seine Hilfe und Gnade!

Niedergebrannt ist ein großer Kuh-, Pferde- und Schweinestall, welcher in den oberen Räumen mit Getreide, Futter usw. vollständig angefüllt war. Da war das Feuer, so wird allgemein angenommen, gelegt worden. Es brannten außerdem noch die dem Schloss näher gelegenen Gebäude ab, und zwar der Herrschaftsstall und ein Gesindehaus.

Bei alledem erfuhr ich, wie der Herr, wo er nimmt, auch einen großen Segen bereitet hat, und dass in der Trübsalshitze auch die Glaubensfrüchte reifen. Diese Erfahrung war auch diesmal, wie bei früheren Anlässen, die Quelle der Kraft und Ruhe, die in diesen Tagen nie versiegte. Am Morgen nach dem Brande, da wir uns zur gewohnten Morgenandacht versammelten, wurde ich gebeten, ein Lob- und Danklied anzustimmen. Wir sangen zusammen ›Sollt ich meinem Gott nicht singen, sollt ich ihm nicht dankbar sein?‹ Wir konnten, wenn auch unter Tränen, doch nur loben und danken.

Die Mächte der Finsternis regen sich in erschreckender Weise. Alle menschliche Ordnung soll untergehen und umgestürzt werden. Die Gotteskinder erfahren in reichem Maße den Hass der Welt. In der Brandnacht hörte man Lachen und Spotten und Äußerungen der Befriedigung, dass mir solches widerfahre! Bald nach dem Brande ging ein Mann bei Herrnhilf und Elim vorüber und rief laut: ›Ihr Frommen da drinnen, auch eure Häuser wird man niederbrennen; dann wird man sehen, was ihr mit euren Gebeten ausrichtet.‹ Der Mann war betrunken. Aber eben deshalb ist anzunehmen, dass er das aussprach, was sein Herz erfüllte oder was er mit anderen gesprochen hatte.

Der Herr hat wohl Großes vor, dass der Satan so wütet. Möge unseres allmächtigen Gottes Kraft das kleine, arme Häuflein seiner Kinder stärken inmitten einer argen Welt.«

Inzwischen zogen sich die feindlichen Netze immer enger um die Gräfin und ihr Werk zusammen. Ja, es wurde allgemein die Nachricht verbreitet, dass nicht nur die Häuser geschlossen, sondern auch ihre Güter eingezogen werden sollten. Sie selbst war in dieser schweren Zeit vollkommen ruhig und betonte immer wieder, dass sie vollen Frieden im Herrn habe. Sie fühlte die schützende Hand über sich und war gewiss, dass der Herr seine Sache zum Sieg führen würde. Nur eines machte ihr Kummer, und das war die Zerrissenheit und Uneinigkeit, die sie unter den Kindern Gottes sah. So war es auch in diesen Zeiten ihr tiefster Schmerz, dass vielfach selbst evangelische Pfarrer sich der Front ihrer Gegner anschlossen. Doch besonders dankbar war sie, wenn sie von der Seite der evangelischen Kirche Hilfe und Unterstützung erfuhr. Das freundliche Verhältnis zum Ortspfarrer

war ihr immer wieder ein Grund zum Danken. Auch dass der
von ihr hochgeschätzte Pfarrer Heinzelmann aus Villach ihr in
dieser Zeit durch einen freundlichen Brief seine verstehende
Teilnahme aussprach, war ihr eine unvergesslich große Freude.
Sie schrieb an ihre Mitarbeiter in jener Zeit: »*Es ist mein Gebet,
dass es dem Satan nicht gelingt, die Einigkeit unter den Kindern
Gottes zu zerstören. Wir können und werden nur siegen, wenn wir
in den großen Kämpfen fest zusammenhalten.*«

Eine besondere Freude in dieser schweren Zeit war ihr, dass
ihre ehemaligen Schülerinnen und Frauen, an denen sie gearbeitet oder deren Kinder sie betreut hatte, einmütig zusammenhiel-
ten. Eine der Frauen regte an, in einer öffentlichen Kundgebung
für sie einzutreten, und die Sache wurde mit Freuden aufgegriffen. Unter fachkundiger Leitung setzten sie eine Erklärung auf,
die u. a. in der »Triester Wochenpost« veröffentlicht wurde.
Darin hieß es: »*Die Forderung, Frau Gräfin soll nur evangelische
Kinder aufnehmen, ist grausam. Was wäre aus den katholischen
Mädchen geworden, wenn sie in der Anstalt kein Heim gefunden
hätten! ... Es ist unmöglich, die Lebensgeschichten aller derjenigen
zu erzählen, die in die Anstalten zur Erziehung gekommen sind.
Man könnte ein Buch darüber schreiben. Wie viele Mütter haben mit
tränenden Augen und kniend um Hilfe gefleht und wurden nie
abgewiesen! Wie viele Waisen haben an die Pforten der Anstalt
geklopft und Einlass begehrt! Frau Gräfin hatte immer warme,
trostreiche Worte bereit und hat aufgenommen, wen sie nur irgend
konnte.*«

Aber trotz allem schien das Verhängnis seinen Lauf zu nehmen. An höchster Stelle hatte die Gräfin in Erzherzog Franz Ferdinand und seiner streng katholischen Gemahlin erbitterte Feinde. Im Ministerium war ein Dekret ausgefertigt worden, das die
Schließung der Häuser anordnete. Es fehlte nur noch die Unter-
schrift des Kaisers, und das Lebenswerk der Gräfin hätte,
menschlich gesprochen, ein Ende gefunden.

Sie entschloss sich zur Reise nach Wien. Es war ein bitterer
Weg. Das erste Mal hatte sie ihn mit Unterstützung ihres Mannes
machen können in einer Zeit, als die großen Verdienste, die sich
ihr Vater um den österreichischen Staat erworben hatte, noch

frisch in aller Gedächtnis waren. Jetzt musste sie ihn allein gehen, ohne dass irgendjemand ihr zur Seite stand.

Sie suchte um eine Audienz beim Kaiser nach. Vier Tage lang war sie immer wieder in die Vorräume der Hofburg gekommen, um Bescheid zu erfragen. Sie wartete Stunde um Stunde, ja man ließ die alte Dame sogar auf der Treppe stehen, ohne ihr eine Sitzgelegenheit anzubieten. Schließlich kam eine abschlägige Antwort: die Audienz sei nicht gewährt. Aller Wahrscheinlichkeit nach war ihr Gesuch dem ritterlichen alten Kaiser überhaupt nicht vorgelegt worden.

Äußerlich niedergeschlagen, innerlich aber voll starken Glaubens und in der Zuversicht, dass der Herr ihr Flehen nicht unerhört lassen werde, kehrte sie nach Treffen zurück.

Es verging nur wenig Zeit, bis die Welt von der furchtbaren Nachricht der Ermordung des Erzherzogs und seiner Gemahlin in Sarajewo erschüttert wurde.

*

Nach dem Tod des Erzherzogs sollte der Verwaltungsgerichtshof in Wien über den Fall entscheiden. Bis zur Verhandlung wurde das Dekret ausgesetzt. Erst drei Jahre nach dem Tod der Gräfin – im Jahr 1919 – fand im neuen »Deutschösterreich« die Verhandlung statt, und es wurde ihr Recht gesprochen.

*

Ein Kampf, der sich über Jahrzehnte hinzieht, muss auf die Dauer müde machen, selbst wenn der Kämpfer von der Gerechtigkeit der Sache und vom endlichen Sieg vollkommen überzeugt ist. Auch die Gräfin wurde oft müde und sehnte sich danach, die Verantwortung für ihr Werk in andere Hände legen zu können oder doch wenigstens mit jemandem zu teilen.

Zu Anfang des Jahrhunderts schien diese Hoffnung der Verwirklichung nahe. Pastor Samuel Keller hatte eine Evangelisation in Kärnten gehalten und war auch einmal Kurgeistlicher in Pörtschach am Wörther See gewesen. Und wie es so vielen Besuchern Kärntens ging, war es auch ihm ergangen: das wunderschöne Land hatte ihm das Herz abgewonnen. Daher kam es ihm sehr gelegen, als der Plan auftauchte, an einem der herrlichen Kärntner Seen ein christliches Erholungsheim zu gründen und es während der Sommermonate selbst zu leiten. In der übrigen Zeit des Jahres sollte es als Internat für Mädchen dienen.

Auch das Werk in Treffen lernte er kennen und war tief beeindruckt davon, was christliche Liebe hier geschaffen hatte. Die bedeutende Persönlichkeit der Gräfin zog ihn in ihren Bann. Mit der ihm eigenen Begeisterungsfähigkeit beschloss er, sich hinter das Werk zu stellen. Er trat im Deutschen Reich energisch dafür ein und rief die Leser seines Blattes »Auf Dein Wort« zur Hilfe auf. Wie bereits erwähnt, konnte er der Gräfin eine bedeutende Summe schicken, die zum Ankauf von »Herrnhilf« verwendet wurde. Auch verschaffte er der Gräfin in der Person eines seiner jungen Freunde, Pastor Aschoff, einen Mitarbeiter für die geistliche Betreuung ihrer Heime.

Leider war aber dies Verhältnis nicht von Dauer. Pastor Keller und die Gräfin waren beide viel zu selbstständige Naturen, als dass eine dauernde Arbeitsgemeinschaft möglich gewesen wäre. Auch war Pastor Aschoff wohl kaum die geeignete Persönlichkeit für die Arbeit in Kärnten.

Aschoff verließ Treffen schon nach Jahresfrist; auch die Zusammenarbeit mit Pastor Keller wurde gelöst. Ja, die Gräfin sah sich veranlasst, ihm die Summe, die er ihr zur Verfügung gestellt hatte, zurückzuerstatten. Dennoch hatte diese Verbindung etwas Gutes bewirkt. Pfarrer Keller ermunterte die Gräfin zum Ankauf von Höfen. Nach ihrem Tod ging durch die Wirren des Ersten und Zweiten Weltkrieges ein großer Teil des Besitzes der Werke unwiederbringlich verloren. Die Höfe aber blieben bis zur Gegenwart erhalten.

Auch später hielt die Gräfin wiederholt nach Entlastung Ausschau. Aber immer wurden ihre Hoffnungen enttäuscht. Schon von ihrer ganzen charakterlichen Veranlagung her wäre eine Teilung der Arbeit, geschweige denn ein völliger Verzicht darauf, niemals möglich gewesen.

Heim für Jungen – »Herrnhilf«

Evangelische Schule in Treffen

So sah sie es denn als Gottes Willen an, die Last weiterzutragen und den Kampf weiterzuführen, bis Gott selbst die Arbeit ihr aus der Hand nehmen würde. Im Neujahrsbericht des Jahres 1912 schrieb sie darüber eindrucksvolle Worte:

»Es ist mir ja köstlich, dessen sicher zu sein, dass mich der Herr in die Arbeit, in der ich stehe, berufen hat. Manchmal meinte ich schon, zurücktreten zu müssen, wenn ich sah, wie das Werk stetig an Umfang gewann, immer neue Zweige der Tätigkeit entfaltete und ich daneben mit meiner Schwachheit, dem zunehmenden Alter zu rechnen hatte. Doch meine Bedenken und mein Widerstand wichen stets wieder angesichts der schon erwiesenen großen Gnade und der Verheißungen unseres Gottes. Ich musste gehorchen und dem Herrn sagen: ›Wenn der Auftrag wirklich mir gilt, dann stelle ich mich zur Verfügung; dann weiß ich, dass deine Kraft, o Herr, mich wie bisher, so auch weiter tragen wird.‹ Mein Vertrauen darin ist auch nie zuschanden geworden!

Das war ein denkwürdiger Tag, als ich am 18. März 1913 auf meiner Heimreise aus Treffen nach Russiz nicht weit von Görz, der Endstation, durch einen Felssturz, der knapp vor der Lokomotive niederging, eine Entgleisung des Zuges erlebte, die alle Reisenden in Lebensgefahr brachte. Da wir durch einen Hilfszug bis zur zerstörten Bahnstrecke abgeholt werden mussten, so gelangten wir erst nach neunstündiger Verspätung gegen halb zwei Uhr nachts in Russiz an. Nie werde ich den Empfang vergessen, der uns bei der Ankunft mit Tränen, mit Jauchzen und unbeschreiblicher Freude bereitet war. Man hatte es den Gerüchten nach nicht anders erwartet, als dass eine Anzahl Reisende ums Leben gekommen, zum Mindesten schwer verletzt seien. Da dachte ich in meinem Herzen: Du solltest nicht sterben, der Herr will dich noch gebrauchen. – Dies machte mich sehr glücklich.«

*

Trotz allem Schweren fehlte es in diesen Jahren nicht an mutmachenden Erfahrungen. Besonders erfreute es die Gräfin, wenn sie eine Frucht ihrer Arbeit sehen durfte. Auch lösten jegliches Verständnis und jede Mithilfe größte Dankbarkeit aus.

Bezeichnend dafür ist eine kleine Geschichte mit einem Harmonium in Russiz:

Bei der Erweiterung der Schule war ein Harmonium aus dem Mädchenheim an die Schule übergegangen. Woher sollte nun das Mädchenheim ein anderes Instrument nehmen? Das war die Frage, welche die Leiterin, Fräulein Anna Heber, und auch die Kinder ernsthaft beschäftigte. Frau Gräfin darum zu bitten, war ausgeschlossen, da sie in der letzten Zeit schon ganz besonders viele Ausgaben gehabt hatte. Da war einmal in einer Morgenandacht von der Seligkeit des fröhlichen Gebens die Rede, und wie jeder, auch der Ärmste und Kleinste, imstande sei, diese Freude zu erfahren. Es wurde den Kindern nahe gelegt, wie schön es wäre, wenn sie sich nun daran machten, Gaben für das Harmonium zu sammeln. Mit Feuereifer nahmen die Mädchen den Gedanken auf und gingen an die Arbeit. Karten und Briefe wurden geschrieben, und mit großer Freude wurde jede Gabe, die daraufhin einging, entgegengenommen. Auch die früheren Schülerinnen waren freudig dabei, sich an der Sammlung zu beteiligen. Schließlich konnte Fräulein Heber wagen, das Harmonium zu bestellen. Unbeschreiblich war der Jubel, als es ankam und mit seiner Begleitung aus tief bewegten Herzen Loblieder erklangen.

»Da nahte ein Tag unsagbarer Freude«, erzählte Fräulein Heber. *»Frau Gräfin de La Tour, die von der Ankunft des Harmoniums gehört hatte und meinte, es bezahlen zu müssen, hatte keine Ahnung von der Sammlung. Eines Nachmittags wurde sie in das Arbeitszimmer eingeladen und mit dem Liede »Der Herr hat Großes an uns getan« begrüßt. Dann trat ein kleines Mädchen vor, sagte den 23. Psalm auf und überreichte der Gräfin ein Glaskästchen auf einem mit Blumen geschmückten Teller, worin die ganze Summe von 163 Kronen enthalten war. Die Gräfin nahm den Teller, hielt ihn in der Hand und blickte fragend um sich. Als ihr nun die Erklärung zuteil wurde, dass es sich um die Summe für das Harmonium handelte, welche zumeist von den Anstaltskindern und den früheren Zöglingen gesammelt war, war Frau Gräfin tief gerührt und vor Bewegung außerstande, irgendwie ihre Freude zu äußern. Aber dann kam es doch aus dem Herzen, über die Lippen, dass diese Gabe sie ganz besonders erfreue, die doch als Frucht der Arbeit an den Kindern anzuse-*

hen sei. *Es war ein geweihter Augenblick und unvergesslich für diejenigen, die ihn miterlebten.*«

Zu einem Freudenfest gestaltete sich auch ihr siebzigster Geburtstag im Jahr 1911. Wir blicken ihr so recht ins Herz, wenn sie uns selbst darüber berichtet:

»*Als sollten in dem Jahre die Feste kein Ende nehmen, so sei hier noch des Tages am 8. Dezember Erwähnung getan, da ich meinen 70. Geburtstag begehen durfte. Hier muss ich meiner Feder Einhalt gebieten, dass sie nicht zu weitschweifig berichtet von all dem Guten, das ich an dem Tage empfing! Wie schon in aller Morgenfrühe der Gesang der Anstaltskinder vor meiner Tür mich erfreute und das Herz himmelwärts hob, und wie dann die Gratulanten sich einstellten, Briefe und Telegramme einliefen, dazu Gaben der Liebe für meine Anstalten, da war mir zumute, als sei ich von einem Gnadenstrom getragen, der mein Lebensschifflein immer höher hebt, der oberen Heimat zu! – Ja, Gnade ist es doch nur, die ich preisen darf im Rückblick auf eine lange Reihe von Jahren, da die göttliche Langmut mich getragen, um meine Seele geworben hat und, nachdem ich als armer, bankrotter Sünder den Heiland erfasst und mich ihm übergeben hatte, von ihm dazu berufen und ausgerüstet wurde, um ihm an den Kindern zu dienen. Und dann wurde mir noch mehr aufgetragen. In weiterem Kreise sollte ich auch an dem Volk arbeiten, unter dem ich lebe, um das derselbe Heiland in göttlicher Liebe wirbt, um es sich zum Eigentum zu machen. Ich habe auch diesen Ruf vernommen und demselben Folge geleistet – ach, mit schwachen Kräften, aber die Gnade ging mit und trug mich! Gelobt und gepriesen sei der Herr für alles!*« –

Auch sonst durfte sie gerade in diesem Jahr des Kampfes manche schöne Frucht ihrer Arbeit sehen. An manchem ihrer Zöglinge – sowohl aus Russiz wie auch aus Treffen – erlebte sie die große Freude, dass sie mit voller Entschiedenheit den Weg in der Nachfolge Jesu gingen, der ihnen im Heim oder Internat vorgelebt worden war.

Das Evangelisationswerk gestaltete sich nach der schweren Krise, die es um 1910 durchgemacht hatte, immer hoffnungsvoller. Im Jahre 1913 kamen zwei junge begabte Bahnauer Brüder in die Arbeit, auf deren Wirksamkeit die Gräfin ganz besondere

Hoffnungen setzte. So schrieb sie: »*Mit Loben und Danken können wir es vor unserem Gott bezeugen, dass wir an den meisten Orten in Kärnten, wo unsere Arbeit angebahnt wurde, offene Türen und, was noch wichtiger ist, verlangende Herzen fanden, welche die alte und ewig neue Heilsbotschaft mit Freude und Dank entgegennahmen. Auch die in Treffen angestellten Schwestern, Diakonissen, machten häufige Besuche in der Nähe und weitere Touren bis in die entfernter liegenden Gebirgsorte, wo sie nicht allein in kleineren Kreisen, sondern auch in größeren Versammlungen das Wort Gottes darboten. Sie besuchten stets auch Kranke, Notleidende, Trinker und bestrebten sich, dem Auftrage gemäß zu handeln: ›Vermahnet die Ungezogenen, tröstet die Kleinmütigen, traget die Schwachen, seid geduldig gegen jedermann (I. Thess 5, 14).‹*«

»Der rote Reiter«

Wenn ein Unwetter im Anzug ist, das den Bestand des eigenen Gartens mit Vernichtung bedroht, denkt keiner, nicht einmal der böseste Mensch, daran, aus dem Nachbargarten Früchte zu stehlen. So brachte auch das losbrechende Kriegsgewitter dem Werk der Gräfin eine gewisse Erleichterung.

Noch im Frühsommer war kiloweise Anklagematerial gegen sie nach Wien geschafft worden, und im Ministerium war ihr gesagt worden, dass ihre Sache fast aussichtslos sei.

Dann kam die Wende. *»Sie sind gestorben, die dem Kinde nach dem Leben standen«*, äußerte sie in einem Brief nach der Ermordung des Erzherzogs Franz Ferdinand und seiner Gemahlin. Ihr Einspruch blieb in dem betreffenden Ministerium liegen, und an eine Entscheidung dachte wegen der gewaltigen weltpolitischen Ereignisse niemand mehr. So konnte die Gräfin ihren Weg unbehelligt weitergehen. In der Schrift von Pfarrer Monsky: »Worte der Wahrheit und Liebe«, schrieb sie über die weitere Entwicklung der Angelegenheit:

»Auf dem Rekurswege habe ich es versucht, mein Recht zu erlangen. Unter der aufschiebbaren Wirkung der Eingabe lasse ich meine Schulen und Anstalten ruhig wie bisher weiterbestehen. Wo sollte ich denn mit den 150 Kindern hin, die meiner Obhut und Sorge anvertraut sind? Kann ein Staat oder eine Kirche, besonders in solch ernster Kriegszeit, da Teurung und Notstand sich steigern, es fordern, dass man die Jugend der völligen Armut und Verwahrlosung anheim fallen lasse? Kann ich mich selbst dazu bereit erklären? Ist es doch genugsam bekannt, wie eine allgemeine und auch die private Mithilfe angerufen und dringend in den Tagesblättern dazu aufgerufen wird, sich der Flüchtlinge, der Waisen und derer, die ihr Heim und alles verloren, anzunehmen. Da sollte doch jeder ein Samariter

sein, und wehe dem, der dem Leviten gleich sich von der Not des Nächsten abwendet und keine Hilfe bietet!... Man klagt mich vonseiten des Klerus der Proselytenmacherei an und bleibt doch jeden stichhaltigen Beweis dafür schuldig. Wo haben sich je Leute gemeldet, die aussagen konnten, durch mich oder meine Hilfskräfte zum Übertritt veranlasst worden zu sein?... Als Österreich sich in großer Not befand, da ergriff es mit Freuden die Hand des mächtigen Bundesgenossen zur Hilfe gegen die drohenden Feinde. Doch wie oft musste ich mir seitdem mit Schmerz sagen, die Hilfe des mächtigen Bundesgenossen nimmt man mit Begeisterung an, doch den Schatz, durch welchen unser Bundesgenosse einig und mächtig, ja unüberwindlich geworden, den verwirft man. Dieser Schatz ist das Evangelium, welches ich jedem Herzen und Hause bringen möchte, wofür ich lebe und zu sterben bereit bin.

Wann wird mein und vieler anderer Gebet erhört, dass das Evangelium Eingang finden möge und die Bibel nicht länger ein verbotenes Buch bleibe in unserem armen, durch Parteihass und römische Unduldsamkeit so vielfach zerrissenen Österreich?!

Kürzlich las ich in dem Blatte ›Worte der Wahrheit und Liebe‹ Folgendes:

›Ein Volk, welches die Bibel verachtet, richtet sich selbst... Es ist und bleibt Gesetz Gottes, dass sein Wort allein die Völker lebendig machen kann. Die Geschichte der Völker ist die Geschichte des Gehorsams und des Ungehorsams diesen Gesetzen gegenüber. Dass es die Bibel, das Buch der Nationen, wieder entdeckt, ist die Lebensfrage Österreichs.‹

Ich aber harre und bete weiter, dass der Herr nach den erschütternden Ereignissen der jetzigen Kriegsnot, darunter die Herzen erzittern, eine Segenszeit anbrechen lasse, damit ein neuer Gnadenstrom aus dem lebendigen Evangelium ausbrechen und sich auch in unser liebes österreichisches Land und Volk ergießen möge.«

Auch der Versuch der Gegner, durch Beeinflussung der Eltern die katholischen Kinder der Obhut der Gräfin zu entziehen, schlug völlig fehl. Trotz allem Locken und Drohen entschloss sich nur eine einzige Familie, ihren Sohn aus dem Heim zu nehmen. Alle anderen baten inständig, die Kinder zu behalten, ja der Andrang zu den Schulen und Heimen wurde größer als vorher.

Natürlich hatten die Häuser schwer unter der Kriegsnot zu leiden. Gleich nach Kriegsausbruch wurden alle drei Brüder Gienger und verschiedene andere Mitarbeiter einberufen. Der Gräfin perlten die Tränen aus den Augen, als beim Abschied des Hausvaters der kleine Dreijährige bat: *»Ich will auch mit in den Krieg.«*

Unendlich groß war die Freude, als er wegen Dienstuntauglichkeit gerade während des Treffener Festes heimkehrte.

Auch von den Evangelisten war nur ein Einziger einberufen worden, sodass die Wortverkündigung im Land weitergeführt werden konnte. Dies war eine ganz besondere Freude für die Gräfin, da die Türen überall weit offen standen und gerade die Kriegsnot und die Sorge um die Lieben der Schlüssel zu manchem harten Herzen wurde. Hoffnungsvoll schloss sie darum ihren Jahresbericht aus dem ersten Kriegsjahr:

»In Hesekiel 47 wird dem Propheten ein Strom lebendigen Wassers gezeigt, der von der Schwelle des Tempels ausgehend nach Mittag hinab durch das Blachfeld fließt, um einesteils das dürre Erdreich zu befruchten und andernteils die Wasser des Toten Meeres mit neuer Lebenskraft zu erfüllen.

Dies soll uns ein Bild dessen sein, was der Herr auch durch unsere Arbeit in einer zumeist glaubenslosen toten Welt ausrichten will. Wenn aus den Anstalten und aus uns kein Lebensstrom hervorquillt, dann haben sie keinen Wert, dann fehlt das befruchtende Element, welches die Einöde in liebliche Gärten umzuwandeln vermag. Es muss unser aller heißer Herzenswunsch sein, dass wir es erfahren, wie es in Jesaja 58 heißt: ‚Du wirst sein wie ein gewässerter Garten und wie eine Wasserquelle, welcher es nimmer an Wasser fehlt‹... Dass dieser ersehnte Zustand hier in unserem Lande mehr und mehr zum Vorschein komme, danach streben, darum beten wir und sind überzeugt, dass wir von unserem großen Gott nur Großes erwarten können. Wir werden alles empfangen nach unserem Glauben und können dabei Herrliches erleben. Des getröste und freue ich mich inmitten aller Trübsal doch wieder Tag für Tag ... Eins in Jesu, so müssen wir dastehen, dann werden wir unüberwindlich sein und von Sieg zu Sieg schreiten.«

*

Inzwischen nahmen die Weltereignisse ihren Lauf. An den Süd-grenzen Österreichs ballte sich ein drohendes Unwetter zusammen, das verhängnisvoll für die Siegesaussichten der Mittelmächte zu werden drohte, aber auch für die Häuser der Gräfin eine schwere Gefährdung bedeutete.

Italiens Stellung wurde immer undurchsichtiger. Immer ernsthafter musste damit gerechnet werden, dass es über kurz oder lang auf die Seite der Feinde treten würde. In dem Fall aber bestand größte Wahrscheinlichkeit, dass Russiz, das ja unmittelbar an der italienischen Grenze lag, Kriegsschauplatz werden würde.

Es war kurz vor Pfingsten 1915. Die Gräfin hielt sich in diesem Jahr früher als sonst in Treffen auf, weil dort viele Hilfskräfte fehlten und so ihre Anwesenheit nötig geworden war. Wie immer, wenn sie in Treffen war, hatte sie die Frauen zu einer Bibelstunde versammelt. Da klopfte es und jemand fragte nach der Gräfin. Sie ging hinaus und kam mit ernstem Gesicht zurück.

»Wir stehen unmittelbar vor der Kriegserklärung Italiens«, sagte sie und wandte sich ihrer treuen Kammerjungfer zu, die auch an der Stunde teilnahm: *»Morgen müssen wir nach Russiz. Ich kann meinen Neffen nicht allein lassen. Ich denke, mir werden sie nichts tun. Ich habe den Italienern doch nur Gutes getan.«*

»Dann gingen wir auf die Knie«, erzählte eine alte Teilnehmerin jener bedeutungsvollen Frauenstunde. *»Da war wohl mehr ein Schluchzen als Beten; und dann war der letzte Abschied.«*

Ihr großes Verantwortungsbewusstsein hatte die Gräfin nach Russiz getrieben. Dort waren ja noch so viele Leute, für die sie Verantwortung hatte! Die Tragweite des Aufenthaltes in kriegsgefährdetem Gebiet hatte sie damals noch nicht übersehen.

Ein Brief an ihren Mitarbeiter, den Evangelisten K., gibt ihre Stimmung von damals wieder (12. Mai 1915): *»Hiermit teile ich Ihnen mit, dass ich gestern bei meiner Ankunft hier eine nicht erwartete Panik vorfand. Alles will fort. Es soll alles gesperrt und verlassen werden. Darauf erklärte ich mit aller Entschiedenheit, unter allen Umständen hier, und zwar allein, bleiben zu wollen. Ich hatte dann noch die Freude zu erfahren, dass Fräulein H. und Josepha bei mir bleiben und ausharren wollen. Alles Weitere lege ich ganz ge-*

trost in meines Herrn Hand. Bin nur traurig über das, was ich über den Stand der Menschenherzen erfahren habe. Will aber nicht richten und überlasse es Gott allein.«

Nach längerem Beraten wurde beschlossen, dass Frau von G., die Nichte der Gräfin, mit den Heimkindern nach Treffen übersiedeln sollte. Herr von G. wollte die Tante in der gefährdeten Lage nicht verlassen und blieb in Russiz.

Die Pfingsttage brachen an. Sie brachten die Kriegserklärung Italiens. Italienische Truppen überschritten die Grenze. Hier in der Ebene des Isonzo war sie völlig offen. Österreich gab diesen Grenzstrich preis und zog seine Truppen in die befestigten Stellungen am Isonzo zurück.

*

Nun folgte für die Gräfin das bittere Erleben des Krieges. Nur der kann ermessen, was das bedeutet, der den Krieg nicht nur aus der Ferne, sondern dort erlebte, wo die Leidenschaften der Völker aufeinander stießen. Rücksichtslos werden da alle scheinbar so festgefügten Zäune der Kultur niedergerissen, alle Werte umgewertet, und aus den Menschen bricht hervor, was durch den dünnen Farbaufstrich der Moral überdeckt gewesen war!

Am 23. Mai war die Kriegserklärung erfolgt. Der letzte österreichische Zug ging von Cormons nach Görz. Alle Eisenbahnbrücken wurden gesprengt. Mit Furcht und Zittern harrten die Leute im preisgegebenen Gebiet der Dinge, die da kommen sollten. In Scharen strömten die Flüchtlinge aus der Umgebung ins Schloss. Die Leute aus dem Dorf Capriva brachten ihre Sachen und hielten sie unter dem Schutz der Gräfin geborgen. Eine schmerzliche Enttäuschung! Was könnte eine allein stehende Frau einer ganzen Heeresmacht gegenüber ausrichten? Und dennoch war immer die erste Frage der Leute: »Ist Frau Gräfin noch da?« Und wenn es hieß, sie sei da, so fühlten sie sich geborgen.

Am Tag nach der Kriegserklärung kamen bereits die ersten italienischen Soldaten nach Russiz und suchten im Schloss nach verborgenen Fernsprechern und ähnlichen Geräten. Von Tag zu

Tag mehrten sich die Hausdurchsuchungen im Schloss, immer fordernder und aufdringlicher wurde das Verhalten des Militärs. Mit großer Ruhe, die auf die italienischen Soldaten nicht ohne Eindruck blieb, trat die Gräfin ihnen entgegen. Dennoch war das Verhalten des Militärs so, dass man Schlimmstes erwarten musste, und sogar Herr von G. sagte: *»Jetzt fange ich an, mich zu fürchten.«*

Es war eine Ahnung dessen, was kommen sollte. Am 29. Mai kam eine größere Abteilung auf den Hof gesprengt, und der Offizier forderte eine Besichtigung des gesamten Besitzes der Gräfin. Die alte Dame erklärte sich dazu bereit und ging selbst mit den Soldaten durch alle Häuser und alle Räume und öffnete, was gefordert wurde. Dabei wartete sie sehnlichst auf ihren Neffen, nach dem sie geschickt hatte. Aber er kam nicht. Den Grund dafür sollte sie nur zu bald erfahren. Auf dem Speicher, wo er eine Besprechung mit einem Angestellten gehabt hatte, war er gefunden worden und nach einer rohen Körperdurchsuchung »als Spion« für verhaftet erklärt worden. Auf dem Hof traf ihn die Gräfin, aber sie durfte kein Wort mehr mit ihm wechseln. Stumm überreichte er ihr die Schlüssel. Dann wurden er und der Angestellte mit verbundenen Augen nach Cormons abgeführt.

»Was da in meinem Innern vorging, kann ich nicht beschreiben«, äußerte die Gräfin. *»Es war mir, als müsste mir das Herz vor Jammer und Leid zerspringen. Ich konnte nur seufzen: ›Mein Gott, mein Gott, warum hast du mich verlassen?‹ Und flehen wie Asaph in Psalm 77, Vers 2. Ich dachte an den Jammer der Familie, wenn ihm etwas zustoßen würde, und an die Verantwortung, die mich traf, nachdem er um meinetwillen in Russiz geblieben. Unter Gottes Wort und Gebet ward es stiller in meinem Herzen. Der Herr hielt mich, dass ich nicht versank in meinem Elend.«*

Vergebliche Versuche, noch einmal mit Herrn v. G. in Verbindung zu treten, machten die Lage nicht leichter. Dazu kam der Befehl, Russiz zu räumen, da es bombardiert werden würde. Trotzdem versuchte die Gräfin noch auszuharren, umso mehr, als ein freundlicher italienischer Offizier, der entdeckt hatte, dass seine Frau die beste Freundin der Frau des Verwalters auf Russiz war, ihr seinen Schutz versprach. Inzwischen waren alle

Männer vom Gut fortgeführt worden. Mit Hilfe der wenigen Frauen, die sie noch in ihrer Umgebung hatte, fütterte die Gräfin persönlich das Vieh und die Pferde, von denen ein paar trächtige Zuchtstuten ihr besonders am Herzen lagen.

Am 2. Juni kam aber ganz unerwartet der Befehl, jetzt sofort abzureisen. Ein Widerstand wäre vergeblich gewesen. Das nötigste Gepäck wurde auf ein paar mit Kühen bespannte Wagen verladen, und auch die Frauen und Kinder nahmen darauf Platz.

Und so ging es fort von Russiz, dem einmal so herrlichen Ort, in dem die Gräfin ein so reiches Leben gelebt hatte, an dem sie den Grund zu ihrem gesegneten Lebenswerk gelegt hatte.

Sie sollte es nicht mehr wiedersehen.

In einem Nachbargut, wo der italienische Stab lag, machten sie Halt. Die Gräfin wollte den Kommandanten wegen ihrer schönen Zuchtstuten bitten, die ganz allein zurückgeblieben waren. Der Kommandant kam ihr freundlich entgegen und erlaubte ihr, nicht nur die Stuten aus Russiz herzuholen, sondern auch das Vieh mitzunehmen. Im Verlauf des Gespräches äußerte die Hausmutter des Heimes – sie war auch unter den Flüchtlingen – ihr Bedauern darüber, dass die schönen Anstaltsschweine zurückgeblieben seien. Das Wort wurde missverstanden. Es verbreitete sich das Gerücht, es wäre geäußert worden, dass die Italiener Schweine seien. Der Kommandant wurde wütend, schrie die Gräfin an und drohte, sie sofort zu erschießen, falls auch nur noch ein einziges deutsches Wort fallen würde. Trotzdem ging sie zu Fuß nach Russiz zurück, um die Stuten zu holen. Das Haus aber durfte sie nicht mehr betreten. Sie konnte ihr Heim nur noch einmal von ferne grüßen.

In der Nähe von Cormons fand die Gräfin auf einem Nachbargut, das allerdings fast von Möbeln entleert war, freundliche Aufnahme. Die übrigen Flüchtlinge aus Russiz, etwa achtzig bis neunzig Personen, wurden in den Wirtschaftsgebäuden untergebracht.

Inzwischen kamen aus Russiz schlechte Nachrichten: Das Haus sei völlig ausgeraubt, Schränke, Kommoden, Truhen seien leer, und nur noch die großen Möbelstücke stünden an Ort und Stelle. Das gesamte Geflügel, das auf dem Hof geblieben war, war umgebracht worden. Das Schlimmste aber sei, dass die Weinvorräte, die einen Wert von 60 000 – 70 000 Kronen darstellten, vernichtet worden waren. Kniehoch hatte der Wein im Keller gestanden. Bis zur Sinnlosigkeit hatten die Soldaten davon getrunken und in diesem betrunkenen Zustand alles ausgeraubt. Aber noch schmerzlicher war – die Gräfin erfuhr es damals wohl kaum –, dass die Landeseinwohner, die doch nur Güte und Freundlichkeit von ihr empfangen hatten, sich in widerwärtiger Weise an dem Raub beteiligt hatten. Im Krieg wurde ja häufig vieles den Soldaten zur Last gelegt, was die Landeseinwohner als »Hyänen des Schlachtfeldes« vollbracht hatten.

Monatelang dauerte von nun an die Leidenszeit der Gräfin mitten unter dem italienischen Militär. Oft genug war sie in ernster Lebensgefahr. Auf dem Gut B. konnte sie schließlich nicht mehr bleiben, da es ebenfalls vom italienischen Militär besetzt wurde; sie fand aber im Örtchen Giassico ein paar verhältnismäßig freundliche Räume für sich und ihre Bediensteten. Ihre Lage dort war aber oft furchtbar genug. Auf dem Hof war eine Unmenge Vieh zusammengetrieben worden. Dazu kamen noch ihre eigenen Pferde. Der Gestank bei der Sommerhitze machte die Lage fast unerträglich. Teile der Wohnung wurden immer wieder von durchziehendem Militär beansprucht und mussten in aller Eile geräumt werden. Im Ort brachen Cholera und Typhus aus. Auch in der Umgebung der Gräfin kamen ein paar verdächtige Fälle vor, die aber verheimlicht wurden, weil die Übersiedlung in die notdürftig hergerichteten Lazarette fast den sicheren Tod bedeutet hätte.

Neben all dieser Not machte ihr eine schwere Sorge je länger, je mehr zu schaffen: Vor dem Einmarsch der Italiener hatte sie mit ihrem Neffen eine eiserne Kassette im Keller vergraben, die den ganzen Rest ihres einst so großen Vermögens an Wertpapieren enthielt. Und an diesem Vermögen hing nach menschlichem Ermessen die Existenz ihres Werkes. Schließlich konnte sie die Sorge nicht mehr ertragen und bat den Kommandanten um eine Unterredung, in der sie ihm davon Mitteilung machte. Er kam ihr freundlich entgegen und gestattete, dass eine Angestellte unter Begleitung von Soldaten nach Russiz fuhr, um nach der Kassette zu sehen. Nur einige Stunden später konnte sie die Kassette völlig unversehrt mit dem gesamten Inhalt entgegennehmen. Die Gräfin sah das als eine ganz besondere Freundlichkeit Gottes an, die er ihr im Blick auf all die Hilfsbedürftigen, für die sie zu sorgen hatte, gewährte.

Auch für das leibliche Wohl wurde gut gesorgt. Das italienische Militär war überreich mit Lebensmitteln ausgestattet und teilte es in seiner Gutmütigkeit gerne mit den Notleidenden. Zweimal täglich gingen Personen aus der Begleitung der Gräfin mit ihren Schüsseln in die Militärküche und brachten sie immer gefüllt mit kräftiger, wenn auch sehr einseitiger Nahrung zurück. Die ganze Zeit über schwebte die Internierung als Damoklesschwert über der Gräfin. Dann wäre sie nach Süditalien deportiert worden und von der Heimat fast unerreichbar fern gewesen.

Gottlob ging diese Sorge gnädig vorüber. Im Rückblick auf diese Zeit schrieb sie: »*Es wurde uns kaum eine Bitterkeit erspart, und die ungestillte Sehnsucht nach unserem Heim wuchs oftmals zur Qual an. Der Herr weiß, was wir gelitten, aber er half immer wieder zur stillen Geduld und zu neuer Hoffnung, die nicht zuschanden werden lässt. Eine Pflicht der Dankbarkeit treibt mich, zu erwähnen, dass ich unter den Italienern und besonders unter den Offizieren viel Rücksicht und freundliches Entgegenkommen erfahre. Besonders ein Hauptmann hat sich meiner angenommen und mir wahre Freundschaftsdienste erwiesen. Dass der Herr ihn dafür segnen wolle, bleibt mein Gebet, und ebenso, dass ihm diese Tat einst bei der großen Abrechnung nicht unvergolten bleibt.*«

Heimkehr

In Treffen war man inzwischen in einer schlimmen Lage. Bei dem übereilten Abschied und in der festen Hoffnung, bald wieder zurückzukehren, hatte die Gräfin weder Geld noch Vollmachten hinterlassen. Dabei waren es die Monate vor der Ernte, mehrere hundert Menschen sollten sich täglich satt essen. Dass es doch möglich wurde, ist ein Wunder Gottes. Die Geschichte vom Ölkrug der Witwe passierte eben nicht nur zu Elias Zeiten. Gott lässt dies seine Kinder immer wieder erleben, wenn alle menschlichen Hilfsquellen versagen.

Fast aber noch schwerer als die leibliche Sorge lastete auf den Gemütern die Sorge und die Ungewissheit über das Schicksal der Gräfin. Es gab allerlei Gerüchte. Es ist ja eins der Merkmale solch bewegter Zeiten, dass die Gerüchte wie Mückenschwärme durch die Luft ziehen und die quälende Ungewissheit noch schwerer machen.

Aber endlich kam doch sichere Nachricht. In Treffen waren die Mitarbeiter gerade zu einer Besprechung zusammen und redeten über die Lage des Werkes und die Schwierigkeiten und dankten dem Herrn für seine wunderbare Durchhilfe, als die Post gebracht wurde. Frau von Gall nahm sie in Empfang und rief plötzlich aus: »*Ein Brief von Frau Gräfin ist da!*« Alles drängte sich um den Tisch in der Schlosshalle zusammen, und Frau von Gall las den Brief vor, der von den Anwesenden förmlich verschlungen wurde. Er lautete:

»Endlich ein Lebenszeichen! Ich dank' dir dafür, hatte mich sehr danach gesehnt, und noch mehr, wieder mit euch vereint zu sein. Ich muss mich in Gottes Willen schicken. Sein Weg ist immer der beste. Denselben zu gehen, war auch diesmal mein einziges Bestreben, und so muss ich mein Herz trotz allem Schmerz damit stillen. Es ist mir

lieb zu wissen, dass es euch allen gut geht. Habt euch nun in größerer Anzahl zusammengefunden. Grüße alle, alle. O wie viele Fragen hätte ich zu stellen! Aber ich kann nicht ausgiebige Antworten erhalten. Wenn du Psalm 137, 1–4 liesest, so weißt du, wie es uns, und besonders mir zumute ist. Doch kann ich mich auch mit Vers 5–6 trösten und auf Psalm 91 hoffen. In unserem Heim in Russiz finden wir nur leere Wände und Mauern. Gott wird weiter helfen. Warte mit Sehnsucht, wieder dahin zu kommen. Ich weiß nicht, wie ihr durchkommt. Ich kann euch nicht helfen, habe es selbst sehr knapp. Früh und abends Polenta (Maisbrei) mit Milch, einen sehr einfachen Mittagstisch, und doch fehlt es uns an nichts. Habe in dieser Beziehung keine Klage. Es geht mir wie der Witwe zu Zarpath in 1. Könige 17; und wo der Herr sorgt, haben wir nichts zu fürchten und können uns mit dem Einfachen begnügen.«

Wir können uns vorstellen, welche Freude dieser Brief in Treffen auslöste. Auch die anderen Sorgen, die zeitweilig aufgetaucht waren, dass sich der Kriegsschauplatz weiter nach Norden ziehen könnte und auch die Leute in Treffen würden fliehen müssen, wurden durch die Entwicklung der Kriegslage aufgehoben. Für den Notfall wäre in der oststeirischen Gemeinde Fürstenfeld ein Zufluchtsort bereit gewesen. Dort lebte Pfarrer Roth, ein lieber Freund der Gräfin.

Inzwischen waren die Freunde der Gräfin nicht müßig gewesen. Sie taten alles nur irgend Mögliche, um ihre Befreiung zu erwirken. Insbesondere benutzten Pfarrer Kaiser und Pfarrer Monsky eine Reise in die Schweiz, um die dortigen Freunde zu veranlassen, die nötigen Schritte zur Befreiung der Gräfin zu tun. Der Bundespräsident Motta sagte persönlich seine Hilfe zu und vermittelte beim spanischen Konsul in Zürich und dem italienischen in Bern.

Endlich, endlich Ende September 1915 bekam sie die Nachricht, dass ihre Abreise gestattet sei. Nachdem auch die amtliche Bestätigung gekommen war, durfte die Gräfin am 30. September aufbrechen. Da sie völlig mittellos dastand, war es eine große Hilfe, dass die italienische Militärbehörde ihr eine Entschädigung für den Verlust des Weines in ihren Kellereien anbot. Die übrigen Kriegsschäden sollten erst nach Beendigung des Krieges festgestellt und ersetzt werden. Jedenfalls hatte sie auf diese Weise das nötige Geld für die Reise, welche in Begleitung von vierzehn Personen natürlich nicht ganz billig war. Eine große Freude war es ihr, dass sie ihre Stuten mit den jungen Füllen im Gestüt eines italienischen Offiziers unterbringen konnte, der in der Nähe ein Gut hatte. Die Kühe, die sie ebenfalls auf die Flucht mitgenommen hatte, überließ sie den zurückbleibenden Frauen, damit sie Milch für ihre Kinder hätten.

Die Reise stellte noch einmal die schwersten Anforderungen an die Kräfte der alten Frau. Wer weiß, wie schwierig das Weiterkommen und wie lange die Wartezeiten auf den Bahnhöfen in einem Kriegsgebiet sein können, wie wenig selbst die Grundbedürfnisse erfüllt werden können, der kann sich vielleicht eine Vorstellung machen, was diese Reise mit den paar Flüchtlingen für die 74jährige Frau bedeutete, zumal eine Mutter mit sieben teilweise noch kleinen Kindern, die Frau des Russizer Kutschers, sowie fünf Mädchen aus dem Heim darunter waren.

Am Abend des 1. Oktober kam die kleine Gruppe endlich in Bern an. Aber wie groß war die Enttäuschung! Niemand von den Freunden war auf dem Bahnhof, denn die Information über die Reise war nicht rechtzeitig angekommen. Alles sehnsüchtige Ausschauen war vergeblich. Dafür aber hatten sich viele Leute um die Flüchtlinge versammelt und sich besonders der Kinder angenommen, sie mit Schokolade und anderen guten Dingen erfreut. Die Mutter der sieben Kinder erhielt von völlig unbekannten freundlichen Leuten auch noch manches Geldgeschenk.

»Die Güte ging so weit«, schrieb die Gräfin, *»dass uns ein Bergungsort für die Nacht im Bürgerspital angeboten wurde, wo wir alle prächtig untergebracht waren. Da habe ich es selbst erfahren, von welchem gemeinnützigen Sinn der edelsten Nächstenliebe die lieben Schweizer erfüllt sind. Bezweifle es, dass ich in irgendeinem Land und Volk Ähnliches erleben könnte. Am nächsten Morgen durfte ich dann in das Diakonissenhaus der teuren Frau Dändliker übersiedeln. Sie hatte mich vorher schon so freundlich eingeladen. Dort sind nun auch die Kinder mit der Mutter, meine fünf Anstaltsmädchen und der Stallbursche untergebracht.«*
Und weiter schrieb sie im Rückblick auf die durchlebte ernste

Zeit: »*Jetzt darf ich mich hier ausruhen und erholen, was mir sehr Not tut. Ob der Herr mir in so vorgerückter Lebenszeit noch eine Gelegenheit schenkt, ihm weiter zu dienen, das entzieht sich meiner Voraussicht, und ich möchte dies bei meinem elenden Zustand eher bezweifeln. Ich lege dies in meines Gottes Hand und sage, wie ich dies stets vorher schon getan: ›Kannst du mich gebrauchen, o mein Gott und Heiland, so stehe ich zu deiner Verfügung. Willst du mich heimrufen, so bin ich auch bereit. Dein Wille geschehe in allem.‹ Ich habe in dieser Kriegszeit viel gelernt und vor allem erkannt, dass Satan unter Gottes Zulassung zum Strafgericht über eine ungehorsame, abtrünnige Menschheit all das Unheil und die entsetzlichen Schrecknisse über uns gebracht hat. Ich habe es erfahren, wie die Lüge, der Hass, die Hab- und Raubgier die treibenden Elemente in der sich bekämpfenden Menschheit sind. Ich weiß aber sicher, dass der Herr den Funken seiner göttlichen Liebe in jedes Herz, das sich ihm öffnet, hineinlegen und denselben zu einem Feuer anfachen will, von dem der Heiland sagt: ›Ich wollte, es brennete schon‹ (Lk 12, 49). Diese brennende Liebe, gepaart mit der Wahrheit, der Selbstlosigkeit, soll die Macht der Kinder Gottes bilden, mit der sie dem Satanswerk entgegentreten und dasselbe überwinden und vernichten sollen. Ich weiß, dass diese Macht mehr ausrichten wird als die Geschosse und das Schwert, und dass der Friede da geschenkt wird, wo die Liebe siegt.*«

Trotz der fürsorglichen Liebe der Freunde erwartete sie in der Schweiz noch eine sehr schwere Prüfungszeit. Sie hatte gehofft, baldmöglichst nach Treffen zurückkehren zu können, wo es sie mit aller Macht hinzog, aber die österreichischen Behörden verweigerten ihr die Reise in die Heimat. Wochenlang ging sie fast täglich persönlich zum Konsul, um zu erkunden, ob die Einreisegenehmigung aus Wien noch nicht da sei. Immer wieder lautete die Antwort verneinend, ja, sie musste sich sogar trotz ihres Alters manche Demütigung gefallen lassen.

Aber es war ihr ein Trost, von der Schweiz aus schriftlich Kontakt mit Treffen zu haben. An allem, was dort passierte, nahm sie lebhaftesten Anteil, sie war allerdings auch leicht verletzt, wenn man sie nicht an allem und jedem teilnehmen ließ. So schrieb sie an den Evangelisten K. in jener Zeit: »*Wie gern hätte ich Näheres*

über die Arbeit erfahren, umso mehr, als die Hoffnung meiner baldi-
gen Heimkehr nach Treffen sich nicht zu erfüllen scheint. Da heißt
es, stille sein in Geduld und Hoffnung, die nicht zuschanden werden
kann ... Seit dem Eintritt der ungewohnten Kälte bin ich viel un-
wohler, weiß nicht, was der Herr vorhat. Doch gewiss nur Jeremia
29, 11. Das ist mein Trost.«

Inzwischen hatten ihre Begleiter schon längst die Genehmi-
gung zur Rückkehr nach Österreich erhalten und waren nach
Kärnten abgereist. Nur ihre Zofe war bei ihr geblieben und teilte
in gewohnter Treue alles mit ihr. Endlich war es ihr möglich,
nach Stuttgart überzusiedeln. Dorthin zog sie ihr Herz, da im benachbarten Korntal ihr geliebter Großneffe, Theodor von Gall,
die Schule besuchte. Der einst kleine »Bubi« hatte sich zu einem
prächtigen Jungen entwickelt, der in jeder Weise zu den besten
Hoffnungen berechtigte. Da er auch schon früh Jesus sein Leben
anvertraut hatte, hoffte die Gräfin, in ihm einmal ihren Nachfolger in ihrem Werk zu bekommen. Im Einverständnis mit seinen
Eltern war er daher nach Korntal gegangen, wo er eine bewusst
christliche Erziehung erfuhr.

Im Haus der Exzellenz von Wächter-Lautenbach, der Schwester der Gräfin Marie Waldersee, würde die Gräfin herzlich aufgenommen. Hier hätte sie wie in Bern die nötige Fürsorge für ihren
müden Körper und auch eine frohe Gemeinschaft mit lieben
Glaubensgeschwistern erfahren können. Dazu hatte der fröhliche Junge ihr einen sonntäglichen Besuch versprochen.

Aber bei der Ankunft in Stuttgart war ihre Spannkraft zu Ende. Ihre Kräfte versagten vollständig. Wochenlang lag sie zu Bett,
ohne dass eine eigentliche Krankheitsursache zu finden war.

»Was ist das nur mit Ihrer Gräfin?«, hatte damals der Arzt ratlos die Zofe Josepha gefragt.

»Frau Gräfin leidet nur an Heimweh und an der Sehnsucht
nach ihrer Arbeit«, war die Antwort der Dienerin gewesen.

Der Arzt gab ihr Recht. Bei einem so stark und tief empfinden-
den Menschen, wie die Gräfin es war, konnten seelische Leiden
wohl auch auf den Körper wirken. Eine große Freude war ihr
das Wiedersehen mit der Nichte, Frau von Gall, die sie gebeten
hatte, nach Stuttgart zu kommen. So konnte diese auch häufiger

ihren Sohn sehen. Gemeinsam konnte die kleine Familie nun auch die Sorge um den Gatten und Vater tragen, der sich noch immer in italienischer Gefangenschaft auf der Insel Sardinien befand. Die Nachrichten von ihm waren positiv. Er war mit Landsleuten zusammen, Unterkunft und Verpflegung waren befriedigend. Auch für die Gräfin war das eine große Beruhigung, denn der Gedanke machte ihr immer wieder Not, dass er ihretwegen diesen schweren Weg der Gefangenschaft hatte gehen müssen.

Endlich kam für die Gräfin die so lange ersehnte Erlaubnis zur Rückkehr. Im Februar 1916 konnte sie in Begleitung von Frau von Gall die Heimreise antreten. Wir können uns vorstellen, wie erleichtert alle waren, nach der langen, schweren Trennung einander wiederzusehen.

Kurz nach ihrer Heimkehr schrieb sie an Pfarrer Monsky: *»Dass ich endlich nach Treffen durfte und hier wieder arbeiten darf, wenn auch noch mit großer Schwachheit, stimmt mich zu großem Dank... Die Arbeitslast, welche mich erwartete, ist so groß, dass ich sie bei meinen noch so schwachen Kräften erst nach und nach übernehmen kann. Die Schwierigkeiten bei der zunehmenden Teuerung und bei dem zunehmenden Mangel, so viele Menschen zu erhalten, werden immer größer. Trotzdem kann ich mich nicht entschließen, die Zahl der bei mir aufgenommenen armen Kinder zu verringern. Ich möchte lieber noch mehr aufnehmen, besonders im Hinblick auf die armen Kriegerwaisen, denen ich so gern Hilfe anbieten möchte. Ich verlasse mich auf Psalm 37, 19: ›Die Gerechten werden nicht zuschanden werden in der bösen Zeit, und in der Teuerung werden sie genug haben.‹ Ich freue mich so sehr, dass der Herr bis hierher uns väterlich durch seine Kinder geholfen hat.«*

»Geläutert und bewährt«

Es ist ein Gedanke, dem wir immer wieder in der Schrift begegnen, dass Gott diejenigen seiner Kinder, die er zu etwas Besonderem, zu großen Aufträgen in seinem Reich berufen hat, auch durch ganz besondere Trübsale führt.
»Etliche werden gereinigt, geläutert und bewährt erfunden werden.« Was der Prophet Daniel hier über das Läuterungsfeuer in den letzten Zeiten sagt, das gilt mehr oder weniger für alle entscheidungsreichen Abschnitte in einem Christenleben.
Auch die Leidenszeit der Gräfin de La Tour hatte mit der Heimkehr nach Treffen zu ihren Lieben noch kein Ende. Ja, es kam noch so viel Schweres, dass wir nur eine besondere, für sein Reich bedeutsame Absicht unseres Gottes darin sehen können. Kaum hatte sie sich ein wenig von den Mühen der Reise ausruhen können, hatte sie sich am Wiedersehen mit ihren Mitarbeitern und vor allem auch mit ihren Kindern gefreut und den Mädchen aus Russiz im Vereinshaus ein neues Zuhause bereitet, als aus Stuttgart die Nachricht kam, die sie tief ins Herz hinein traf. Ihr lieber Großneffe, der frische, muntere, gesunde Junge, war schwer an einer Blinddarmentzündung erkrankt und nach Stuttgart ins Krankenhaus gebracht worden. Natürlich wurden sofort die nötigen Schritte zum Besuch der Mutter eingeleitet, bei den Kriegsverhältnissen im Etappengebiet dauerte es allerdings Tage, bis die nötigen Papiere da waren. Kaum war Frau von Gall abgereist, als auch schon in Treffen die Todesnachricht eintraf. Die Mutter hatte ihr Kind nicht mehr lebend angetroffen.
Was dieser Todesfall für die Gräfin bedeutete, ist kaum zu ermessen. Ihre schönsten Hoffnungen, die sie auf das Kind gesetzt hatte, waren zerschlagen. Es war menschlich gesprochen der

tiefste Schmerz, der sie überhaupt hätte treffen können. »Wie habe ich den Jungen so lieb«, hatte sie oft geäußert. Nun hatte sie dieses schwerste Opfer bringen müssen und litt noch dazu mit den Eltern mit, vor allem mit dem so fernen Vater. Und doch kämpfte sie sich auch jetzt zu einem vollen, uneingeschränkten Ja zu Gottes Wort durch, schrieb aber bald darauf einem Freund: »*Was ich darunter gelitten und noch leide, kann ich nicht beschreiben, und dasselbe werden die armen Eltern empfinden, deren Lebensfreude nun auch erloschen ist. Wir beugen uns unter des Herrn Willen, wissend, dass er, der barmherzige, liebreiche Gott, nur unser Bestes bezweckt.*«

Aber noch ein Schlag wartete auf sie, der sie an ihrer verwundbarsten Stelle traf: Ihre Arbeit an den Kindern, die ihr von Gott anvertraut waren, wurde aufs Stärkste behindert.

Bei ihrer Heimkehr stand sie der Tatsache gegenüber, dass der katholische Ortsgeistliche in Treffen schlimmer als je zuvor gegen sie von der Kanzel hetzte und die ärgsten Schmähungen aussprach. Als er merkte, dass er das Gegenteil erreichte, die Leute der Kirche fernblieben und die Bitten um Aufnahme auch katholischer Kinder in Treffen sich mehr und mehr häuften, setzte sich der Geistliche mit der weltlichen Behörde in Verbindung. In den ersten Apriltagen wurde der Gräfin mitgeteilt, dass alle katholischen Kinder am 16. April aus dem Heim geholt werden sollten, wenn sie bis dahin nicht an das katholische Kinderheim übergeben worden seien. Die Kinder selbst wollten unter keinen Umständen in das fremde Heim gehen. Die Gräfin flehte mit ihren Mitarbeitern – man kann wohl sagen Tag und Nacht – zu Gott, dass er einen Weg zeigen möge. Endlich verfiel man auf einen Ausweg: Man setzte sich mit evangelischen Familien in hoch gelegenen Gebirgsdörfern in Verbindung, die bereit waren, die Kinder bei sich aufzunehmen.

»*So durften wir sie unbesorgt unter des Heilandes Schutz ziehen lassen*«, schrieb die Gräfin, »*und hatten die Freude zu erfahren, dass sie nach allerdings mühsamer Wanderung über das Gebirge am nächsten Abend spät ihren neuen Bestimmungsort erreichten und mit Liebe dort aufgenommen wurden.*«

Kaum einen Monat war Ruhe. Da erschienen ganz unerwartet

der Bezirkshauptmann und einige andere amtliche Personen in Treffen, die die sofortige Auslieferung aller katholischen Jungen über dem schulpflichtigen Alter forderten, um sie in das nächstliegende katholische Heim zu überführen. Diese Jungen halfen alle in der Landwirtschaft mit und waren nach der Einberufung mehrerer Arbeiter eine wichtige Hilfe. Der Hausvater erklärte energisch, dass sie nicht entbehrt werden könnten, aber alle Einwände halfen nichts. Die Jungen wurden vom Wachtmeister abgeführt, und drei katholische Mädchen, die von der adriatischen Küste kamen, wurden auch gleich mitgenommen. Die Gräfin war in tiefer innerer Not, denn sie fühlte sich den Eltern, die zum Teil nichts vom Ergehen der Kinder wussten, verantwortlich.

»Da konnte ich aber nichts machen als flehen: Nur du, Herr, kannst helfen. So lege ich denn diese mich so tief bekümmernde Sache, da ich keinen Rat und Ausweg weiß, in deine allmächtige Hand«, schrieb sie in ihren Erinnerungen an diese Vorkommnisse.

Der nächste Tag war ein Sonntag. Nach dem Gottesdienst kam der eine Hausvater auf sie zu und sagte ihr, dass neun von den Jungen wieder da seien. Heimlich wären sie in der Nacht aus dem Fenster gesprungen. Nur einer hätte den gefährlichen Sprung nicht gewagt.

Allmählich stellte sich einer nach dem andern ganz im Geheimen im Schloss ein, und die Gräfin hielt sie verborgen, bis ein Ausweg gefunden war. Man wandte sich an die evangelische Gebirgsgemeinde von Arriach, zwei Stunden von Treffen entfernt. Dekan Bauer und eine Reihe von Gemeindegliedern sagten gerne ihre Hilfe zu, und nachdem die Jungen versichert hatten, dass sie unter keinen Umständen mehr zur katholischen Kirche gehören wollten, ließ man sie in der zweiten Nacht ganz im Geheimen an ihren neuen Bestimmungsort gehen. Dort traten sie, mit Arbeitsbüchern versehen, regelrecht bei den evangelischen Bauern in Dienst, erhielten Konfirmandenunterricht und traten dann alle zur evangelischen Kirche über.

So hatten sich auch in diesem Fall die Gebete der Gräfin stärker als die Macht der katholischen Kirche erwiesen, und sie konnte mit Recht schreiben: »*Unsere Widersacher haben damit gerade das Gegenteil von dem, was sie angestrebt haben, erreicht und konnten daraus gelernt haben, dass man nicht mit Hass und Verfolgung, sondern allein mit Liebe die Seelen gewinnt ... Das Wort aus 2. Korinther 5, 14: ›Die Liebe Christi dringet uns also‹ hatte auch mich gestärkt; doch nur ihm, dem großen, mächtigen Gott, gebührt allein die Ehre, wenn ich etwas ausrichten konnte.*

Auf eine Erntezeit, wie sie das Wort Gottes im Psalm 126, Vers 5 und 6 angekündigt, hatte ich gerechnet, aber hier auf Erden die Früchte kaum erwartet. Wenn ich nun solche in mancher Beziehung schon schauen durfte, so ist das für mich eine unaussprechliche Freude. So will ich denn weiter ausharren im Vertrauen auf Gottes Verheißungen, welche sich stets erfüllt haben und auch ferner ihre Siegeskraft in einem dem Herrn und Heiland geweihten Leben erweisen werden, wofür ihm allein Preis, Ehre und Ruhm dargebracht sei.«

*

Dies war ihr letzter Sieg im Kampf mit der römischen Kirche gewesen. Ihre Gegner hatten es erfahren müssen, dass auch jetzt wieder eine »schützende Hand« über ihr und ihrem Werk waltete. Die kurze Zeit, die ihr noch blieb, durfte sie nun noch im Frieden ihren Werken dienen.

Obwohl sie sehr müde war, ging sie fast täglich zu Fuß durch die Häuser und nahm nach alter Art an allem Anteil. Noch einmal wurde dann von ihr das Jahresfest und die Gemeinschaftskonferenz zum 15. August vorbereitet. Alle ihre Mitarbeiter waren in Erinnerung an das vorhergehende Jahr, wo man in banger Ungewissheit um ihr Schicksal gewesen war, voller Dankbarkeit. In Scharen kamen die Leute wieder von den Bergen herunter, um am Fest teilzunehmen. Die auswärtigen Redner fehlten auch diesmal wieder, aber die treuen Nachbarn, Pfarrer Kaufmann und Dekan Schwarz sowie Evangelist Krupka legten das Wort aus, und die Teilnehmer erlebten Tage schöner Gemeinschaft.

Aber von da ab war es, als sei die Kraft der Gräfin aufgebraucht. Mit großer Sorge beobachteten sie die Ihren. Die noch vor kurzem so stattliche Frau machte einen so müden und gebeugten Eindruck, dass man sich sagen musste, ihr Weg würde kein weiter mehr sein. Ununterbrochen beschäftigte sie in dieser Zeit die Zukunft ihres Werkes. Sie hatte schon lange die Absicht gehabt, es durch eine Stiftung sicherzustellen, der sie den Hauptteil ihres Vermögens, auch ihr geliebtes Russiz, überschreiben wollte. Immer und immer wieder saß sie am Schreibtisch und machte Entwürfe für ihr Testament. Als Sachverwalter ihres Werkes schrieb sie einmal den Namen des einen und dann den des anderen ihr verbundenen Pfarrers, strich ihn dann aber wieder. Es wären ihren Erben, vor allem aber auch dem Werk, viele Schwierigkeiten erspart geblieben, wenn einer dieser Entwürfe rechtskräftig geworden wäre. Aber sie war schon zu schwach, um sich zu einem endgültigen Entschluss aufzuraffen. Auch hoffte sie noch auf ein Wiedersehen mit ihrem Neffen, um mit ihm die Sache endgültig ins Reine zu bringen.

Dieses Wiedersehen wurde ihr nicht mehr geschenkt.

Sie hatte ihr Leben lang viel in dem Gedanken an die Ewigkeit gelebt. Schon im Jahre 1909 klang in ihrem Jahresbericht die Überzeugung durch, dass ihr Weg nicht mehr lang sein werde, und sie freute sich auf die Zeit, wenn sie singen dürfte: »Wie wird uns sein, wenn endlich nach dem schweren, doch nach dem letzten, ausgekämpften Streit wir aus der Fremde in die Heimat kehren und einziehn in das Tor der Ewigkeit.« Aber jetzt, wo sie wirklich vor den Toren der Ewigkeit stand, schien es ihr, als wäre auf Erden noch so vieles unvollendet geblieben, als wartete ihr Lebenswerk noch auf einen Abschluss.

Im September wurde sie von Tag zu Tag schwächer. Ihren Gang durch die Häuser gab sie immer noch nicht auf, aber sie musste sich ihres Wagens bedienen. Und dann kam Ende September der Tag, an dem sie zum letzten Mal ihren Rundgang machte.

Wegen der engen Verbindung, die sie zu der Leiterin in Russiz, Fräulein Heber, gehabt hatte, bat man diese zu kommen. Fräulein Heber war, nachdem sie ihre Arbeit in Russiz beendet hatte, zu einer Schwester nach Norddeutschland übergesiedelt. Sie war erschüttert über die große Veränderung, die mit der

Gräfin seit ihrem letzten Zusammensein vorgegangen war, und erfasste sofort, dass sie bald sterben werde. *»Glauben Sie, dass ich noch einmal gesund werde?«*, war eine der ersten Fragen, die die Gräfin an die treue alte Mitarbeiterin richtete.

Fräulein Heber war ein Mensch, der ohne viel Umschweife immer gerade auf das Ziel ging, und so antwortete sie auch jetzt: *»Nein, ich glaube es nicht. Ich glaube, dass Sie vor den Toren der Ewigkeit stehen.«*

Dieses Wort von Fräulein Heber musste für die Gräfin wie ein Ruf aus der Ewigkeit gewesen sein, nun mit dem Irdischen abzuschließen. Alle Wünsche waren für sie zu einem Ende gekommen, so auch die immer wieder gehegte Hoffnung, noch einmal ihr Mädchenheim im geliebten Russiz einrichten zu können, ebenso wie das Verlangen, ihren Neffen, Herrn von Gall, dem sie noch so viel über ihren letzten Willen zu sagen und zu übergeben hatte, wiederzusehen. Von jetzt ab schien ihr Blick nur noch auf die Ewigkeit ausgerichtet gewesen zu sein. Von Tag zu Tag wurde sie schwächer und sprach kaum noch ein Wort.

Am Dienstag, den 3. Oktober 1916, besuchte sie zum letzten Mal der alte treue Freund und Kampfgenosse Dekan Schwarz aus Waiern. Wie einst vor 22 Jahren ihren Mann, so begleitete er jetzt auch sie seelsorgerlich. Er las ihr den 46. Psalm vor und tröstete sie mit dem wunderbaren Wort aus Johannes 14, 27: »Den Frieden lasse ich euch, meinen Frieden gebe ich euch. Nicht gebe ich euch, wie die Welt gibt. Euer Herz erschrecke nicht und fürchte sich nicht.« – Auf seine Frage: »Glauben Sie noch, Frau Gräfin, dass Christus Ihr Heiland ist?«, antwortete sie mit schwacher Stimme mit einem klaren »Ja«.

Im Blick auf die Zukunft ihres Werkes, an dem noch so viel unvollendet geblieben war, sagte sie: *»Gott wird's machen«*, und dann sprach sie ihm gegenüber noch einmal das aus, was ihres Lebens Ziel und Sehnsucht gewesen war, und trug ihm gewissermaßen als Abschiedswunsch an ihre Mitarbeiter Folgendes auf: *»Es ist so wichtig, dass wir entschieden für den Herrn sind und dass die Einigkeit im Geiste gepflegt werde.«*

Das waren ihre letzten Worte. Von da ab hatte sie nicht mehr gesprochen. Wie ein verlöschendes Licht lag sie da in ihrem sonnigen Wohnzimmer, wohin man ihr Bett gestellt hatte. Aber auch in diesen letzten Tagen war zu bemerken, wie ihre Gedanken immer noch bei denen waren, für die ihr der Herr die Fürsorge anvertraut hatte.

Ein Stimmungsbild aus jenen Tagen des Abschieds gab Herr Krupka seiner Braut, einer Tochter von Pastor Modersohn, an deren Verlobung die Gräfin noch freudig Anteil genommen hatte. Er schrieb am 5. Oktober 1916: *»Es ist uns allen ganz unfasslich, dass es mit Frau Gräfin zu Ende gehen soll. Noch vor vierzehn Tagen ist sie in Herrnhilf gewesen und stieg ohne Hilfe die steile Treppe hinauf. Nun liegt sie im Sterben. Der Herr erfüllt ihren Wunsch. Sie wollte ohne Krankenlager mitten aus der Anstalt abgerufen werden, weil der Gedanke eines langen Siechtums ihr schrecklich war. Nun ist es wirklich so geworden. Von allen ihren Angestellten kann sich niemand mit dem Gedanken vertraut machen, dass Frau Gräfin nach einigen Tagen nicht mehr sein wird. Man begegnet einander und schaut sich an, und niemand will an ihren Tod glauben. Es weiß auch niemand, was nun werden soll, weil sie von keinem Menschen Abschied nahm und keinem ein Wort sagte. Nun kann sie nicht mehr sprechen, weil sie zu schwach ist. Der Körper nimmt keine Nahrung mehr auf. Man benetzt ihr ab und zu die Zunge mit kaltem Wasser.«*

Zwei Tage später, am 7. Oktober, schlief sie ganz sanft ein, ohne dass jemand den letzten Atemzug bemerkt hätte, der einer Kerze glich, deren Kraft verzehrt ist und die in sich selbst zusammensinkt.

»Frau Gräfin ist nicht mehr. Am Samstagabend hat der Herr sie heimgeholt«, schrieb Herr Krupka... *»Gestern sah ich meine Gräfin zum letzten Male. Sie lag tot auf dem Ruhebett, als wollte sie sich aufrichten und gleich einen Befehl geben. Entstellt ist sie gar nicht, nur unglaublich mager. Heute wird der Sarg gebracht und zugelötet. Wann die Beerdigung sein wird, weiß niemand, weil die Bewilligung zur Beisetzung im Park vom Ministerium noch nicht angekommen ist.«*

In Treffen saß die Hausgemeinde beisammen und rang um Fassung und Trost. Ihnen allen war zumute, als hätten sie eine Mutter verloren. Sie suchten nach einem Trostwort und fanden es in Hiob 5, 17–26. Gewissermaßen war hier in kurzen Worten die Lebensgeschichte der Gräfin wiedergegeben, ein Bild ihrer dienenden Liebe, ihres heißen Kampfes und der guten Hand Gottes über ihr.

Am 13. Oktober wurde sie an einer geschützten Stelle des schönen Parkes zur letzten Ruhe gebettet. Ihr Wunsch war es gewesen, im Mausoleum in Russiz an der Seite ihres Mannes zu ruhen. Stattdessen mussten nach Friedensschluss seine sterblichen Überreste nach Treffen überführt werden. Auch die schöne Christusstatue konnte am Grab aufgestellt werden.

Die Beerdigung gestaltete sich zu einer großen Kundgebung der Liebe und Treue für die Frau, die dort zur letzten Ruhe gebettet wurde. Fast hätte man meinen können, all die Hunderte seien an jenem schönen sonnigen Herbsttag zu ihrem Fest der Inneren Mission zusammengekommen. Stattdessen hieß es Abschied nehmen von der, die so viel Liebe in das Leben ihrer Umgebung hatte hineinstrahlen lassen.

Es war eine freundliche Fügung, dass trotz der erschwerten Kriegsverhältnisse nicht nur die Nachbarpfarrer, sondern auch die treuesten Freunde, die das Werk in Österreich hatte – Pfarrer Monsky aus Wien und Pfarrer Roth von Fürstenfeld, der spätere Leiter des Werkes –, hatten kommen können, um ihr das letzte Geleit zu geben.

Viele Worte des Dankes wurden am Grab gesprochen. Wohl das schönste Bekenntnis legte Pfarrer Roth ab, der bezeugte, »dass er einer der vielen Brüder sei, die hier in Treffen die Heilsgewissheit erfahren haben, nach dem Bekenntnis Luthers: Ich glaube, dass Jesus Christus sei mein Herr. Sie sei ihm eine Mutter in Christus gewesen«.

Unmittelbar am Sarg stand die große Kinderschar und sang der Gräfin ein letztes Lied in die Ewigkeit nach. Als der Trauerzug sich vom Schloss zur Gruft im Park in Bewegung setzte, geschah etwas Unerwartetes: die Glocken der katholischen Dorfkirche fingen zu läuten an und gaben ihr das letzte Geleit – »ein *friedlicher Abschluss des heißen, zwischen der Gräfin und der römischen Kirche durchfochtenen Kampfes*«.

Ein Frauenleben war auf dieser Erde beendet worden, wie es

so stark, so eindeutig, nur auf ein Ziel ausgerichtet nicht oft auf Erden gelebt worden war, ein Leben, das nur den einen Inhalt kannte: die werbende Liebe für Gott und sein Reich. Vielleicht können wir sie selbst und ihr Wollen nicht treffender kennzeichnen, als sie es selbst in einem Brief an einen ihrer Mitarbeiter tat: »Wie oft«, schrieb sie, »hat mich schon in vergangenen Jahren das Wort bewegt: ›Der Eifer um dein Haus hat mich gefressen.‹ Jetzt steht es nicht anders und wird sich nicht ändern, so lange mein Herz noch hier auf Erden für meinen Heiland schlägt.«

»Gott wird's machen«

Gott wird's machen, war das letzte Wort der Gräfin de La Tour gewesen. Es war zugleich das einzige sichere Vermächtnis, das sie ihrem Werk hinterließ. Und dieses Vermächtnis bewährte sich. Hinter ihm standen ihr ganzer Glaube, ihre ganze Liebe, ihre unablässige Fürbitte. Äußerlich gesehen war die Lage des Werkes nach ihrem Tode völlig hoffnungslos. Es gab kein rechtsgültiges Testament, alle Konten waren gesperrt, und nahezu ohne finanzielle Mittel war das Werk geblieben. Von den Mitarbeitern, die nun die Verantwortung übernahmen, wurde ein starker Glaube gefordert. Aber der Glaube durfte auch hier Wunder erleben. Wenn es auch oft genug knapp hergegangen ist und die Sorgen sich zu Bergen türmen wollten, so klang doch auf des Herrn Frage: »Habt ihr auch je Mangel gehabt?« die dankbare Antwort. »Herr, niemals.«

Hinter den Ausschuss, der sich aus dem Hausvater Gienger, Frau von Gall und der Lehrerin Frau Westphal bildete, trat als verantwortlicher Träger der Arbeit der Zentralausschuss für Innere Mission in Österreich. Er war es auch, der die Ordnung der Erbschaftsangelegenheit bei den Behörden in die Hand nahm, um dem Werk das ihm von der Gräfin Zugedachte zu sichern.

Es dauerte lange, bis die Sache erledigt wurde. Rühmend darf hier das Entgegenkommen der Behörden erwähnt werden, die bei der Prüfung der verschiedenen Testamentsentwürfe die Frage in den Vordergrund stellten, welche Regelung am ehesten dem Willen der Gräfin entsprechen würde. Und so kam schließlich die Stiftung zustande, die vor allem im Gut Russiz und den Liegenschaften in Treffen bestand. Ein nicht unbedeutendes Kapital ging in der Inflationszeit ganz verloren.

»Gott wird's machen.« Er machte es nicht nur recht in Bezug

auf die Regelung des irdischen Besitzes, er machte es auch darin recht, dass er dem Werk den richtigen Mann zur Leitung schickte. Es war dies Pfarrer Roth aus der steirischen Gemeinde Fürstenfeld. Schon gleich nach dem Tod der Gräfin trat er der Leitung des Werkes beratend und helfend zur Seite, bis er und seine ihm gleichgesinnte Frau 1918 das große Opfer brachten, das Pfarramt aufzugeben und ganz nach Treffen überzusiedeln. Bis zu seinem Heimgang im Dezember 1936 führte er gemeinsam mit dem Hausvater Gienger das Werk durch die schwersten Zeiten hindurch. Oft schien es so – besonders in der Inflationszeit, und auch später, als durch die Devisengesetze die Gaben aus Deutschland fast ganz aufhörten –, als wäre ein Weiterarbeiten nicht möglich. Aber immer wieder konnte zur rechten Zeit geholfen werden. Immer wieder hatte die Gräfin mit ihrem Wort Recht behalten.

Die Hoffnung, nach dem Friedensschluss das Heim für die Mädchen wieder dem Wunsch der Gräfin gemäß nach Russiz überzuführen, erfüllte sich nicht. Russiz blieb im Besitz der italienischen Regierung. Es wurde eine Entschädigungssumme nach Treffen überwiesen, die allerdings unter dem Wert des Weingutes lag. So musste das Heim für die Mädchen in Treffen bleiben, unter der Leitung von Lore Schmiedel, einer der ersten und treuesten Schülerinnen von Russiz.

Im Übrigen wurde das Werk in den Bahnen weitergeführt, die seine Gründerin ihm gewiesen hatte, ja es darf dankbar noch von mancher Erweiterung berichtet werden, so von einer Trinker-Heilanstalt in dem von Hausvater Gienger erbauten »Friedensheim«.

Wer kann sagen, wie viel Segen seit dieser Einrichtung von Treffen auch nach ganz Kärnten hinausgegangen ist? Wie viele tüchtige Männer und Frauen aus dem Werk hervorgingen, die als Jünger Jesu Licht und Salz in ihrer Umgebung sind?

»Gott wird's machen!« Das ist das Leitwort für das Werk auch jetzt noch in der Gegenwart.

Nachwort

Was ist nun aus dem Werk von Gräfin Elvine de La Tour geworden?

Zuallererst soll festgestellt werden, dass der Name »Gräfin Elvine de La Tour« auch in unserer Zeit ein geachteter Name ist und sich verbindet mit heutigen Begriffen wie Gemeinschaftsarbeit, Diakonie, Blaues Kreuz und allgemein Diakonie. Die Geschichte des Werkes nach dem Tod der Gräfin nachzuzeichnen, ist nicht einfach. Nach dem Ersten Weltkrieg lag die eine Hälfte des Werkes der Gräfin in Italien und die andere in Österreich. Durch die nicht vorhandenen gültigen Testamente kam es zu einem Konflikt zwischen den Ländern Kärnten und Friaul, wo das Werk seinen Stammsitz haben sollte. Es wurde zudem bald entschieden, dass nur an dem Ort des Stammsitzes das Werk der Gräfin weiterbestehen dürfe, der Besitz im anderen Land abgelöst werden solle. Auch innerhalb der evangelischen Welt hatte der Konflikt seine Auswirkungen. Die evangelische Pfarrgemeinde in Triest hielt daran fest, dass es sich um ein italienisches Werk handele und der Sitz deshalb entweder in Triest oder in Russiz zu sein hatte, die Evangelischen von Kärnten wollten das Werk natürlich in Österreich haben. Der Staat musste eingeschaltet werden und entschied 1926 in einem Staatsvertrag zwischen der Regierung in Wien und der Regierung in Rom, dass das Werk der Gräfin ein österreichisches Werk sei. Das hatte zur Folge, dass alle Besitzungen in Italien aufgegeben werden mussten, um zukünftige Konflikte zu vermeiden. Die italienische Regierung übernahm das Weingut in Russiz mit Gebäuden und löste den Besitz ab. Da die italienische Regierung selber keine Kinderarbeit betreiben wollte, suchte und fand sie einen katholischen Orden, der als Nachfolgeorganisation bis zum heutigen Tag sowohl ein Kinderheim als auch eine Schule in den vorhandenen Räumlichkeiten weiterführt.

Die zur Zeit des Ablebens der Gräfin vorhandene Stadtmission und das Hospiz in Triest wurden nicht testamentarisch mit Eigenbesitz ausgestattet und durften nicht mit der Stiftung rechtlich verbunden sein. In Triest wurde deshalb der Samariterverein ein zweites Mal gegründet, der die Arbeit übernahm. Besonders segensreich war das Wirken von Diakonisse Schwester Rösli Flath, die den missionarischen Auftrag weiterführte. Leider war die Arbeit in Triest stets rückläufig, sodass sowohl die Stadtmission als auch das Hospiz aufgegeben werden mussten und der Verein in der Gegenwart vier Selbstversorgerwohnungen in Marina Julia bei Monfalcone führt.

Wie entwickelte sich das Werk in Österreich?

In den ersten vier Jahrzehnten nach dem Tod der Gräfin waren die Heime sehr gefährdet. Die von Anna Katterfeld beschriebene Kasse mit den Wertpapieren und den vererbten Geldern wurde bis zum Zweiten Weltkrieg aufgebraucht bzw. ging durch die Inflation verloren. Besitzmäßig konzentrierte sich das Werk im diakonischen Bereich immer stärker auf die zwischen 1899 und 1906 erworbenen Höfe, die bis zum heutigen Tag im Besitz behalten werden konnten und auf denen heute die Stiftung de La Tour ihre Einrichtungen führt.

Gräfin de La Tour hatte das Werk sehr vielseitig angelegt, hatte aber ihren Schwerpunkt in der Kinderarbeit. Bis zum Zweiten Weltkrieg bestand die Stiftung de La Tour zu etwa 75% aus Kinderheimen und der Volksschule mit Öffentlichkeitsrecht.

Eine Altenpflege gehörte auch dazu und seit 1931 eine stationäre Behandlung von suchtkranken Männern im gemieteten Friedensheim. Schwer getroffen wurde das Werk durch das Verbot der Kindererziehung der Nationalsozialisten, die auch über die Hälfte des Werkes enteigneten und dem Besitz der NSV Berlin zuführte. Lediglich die Alten- und Pflegearbeit und die Unterbringung von Behinderten blieb der Stiftung, dazu in dem Friedensheim die Suchtkrankenarbeit. Es gab keine Euthanasieopfer in der Stiftung. Auch wenn nach dem Krieg bis zum Jahr 1949 die enteigneten Gründe und Gebäude wieder zurückgegeben wurden, so war das Werk derartig geschwächt, dass nur noch ein Kinderheim eröffnet werden konnte. In der früheren Schule wohnten bei der Rückgabe Mietparteien, die nicht bereit waren, auszuziehen. Erst 1975 wurde das Haus, nun »Lindenschlössl« genannt, wieder in die diakonische Arbeit überführt und ist heute ein Behindertenheim für Frauen.

Die Behandlungsstätte für Suchtkranke musste nach dem Zweiten Weltkrieg ebenfalls geschlossen werden, da keine Mittel zur Führung der Einrichtung zur Verfügung gestellt wurden. Nach dem Krieg hatte sich die Stiftung unter der Leitung von Friedrich Gienger wieder mühsam erholt und konnte alle Schwierigkeiten überwinden. Heute wohnen in den gepflegten, zum Teil erneuerten Häusern der Stiftung ca. 300 Menschen. Es sind dies Kinder mit Erziehungsproblemen, Jugendliche in der beruflichen Eingliederung oder Jugendliche, die eine Lehre absolvieren, Alte und Pflegebedürftige, Suchtkranke und Behinderte. Die Arbeit wird von etwa 190 Mitarbeitern getan.

Was wurde aus der geistlichen Arbeit?

Die Stiftung selber weiß sich dem geistlichen Auftrag der Gräfin bis zum heutigen Tage verbunden. Das Blaue Kreuz hatte bei dem Tod der Gräfin schon eine Rechtspersönlichkeit als Verein und konnte selbstständig weiterbestehen. Heute sind im Blauen Kreuz drei Reisesekretäre angestellt. Die Gemeinschaftsarbeit hat 1920 den Weg in die Eigenständigkeit eingeschlagen, schloss sich zunächst dem Blauen Kreuz an, suchte dann aber um die Anerkennung des Vereinsrechtes an und ist heute der Christliche Missionsverein für Österreich. Der Christliche Missionsverein hat in Kärnten drei Bezirke, in denen je ein Prediger angestellt ist und in denen jedes Jahr eigene Glaubenskonferenzen abgehalten werden, Kinderstunden, Evangelisationen etc. Die Bezirke sind Villach, Gailtal und Liesertal.

Die Gräfin hatte noch angeordnet, dass die Prediger von Preußisch Bahnau sein sollten. Das wurde nach ihrem Tod beibehalten, und nach der Umsiedlung der Ausbildungsstätte nach Unterweißach kamen die Prediger von dort. Der Christliche Missionsverein hat eine sehr reiche Geschichte hinter sich und hat auch in unserer Zeit eine lebendige Arbeit.

Es entwickelte sich aus den Jahresfesten, die 1898 begonnen wurden, etwas Eigenständiges, das Anna Katterfeld so noch nicht gesehen hatte. Die Jahresfeste – von der Gräfin begonnen – gingen über fünf Tage und waren stets verbunden mit einer Glaubenskonferenz, einer Blau-Kreuz-Konferenz und einem Tag für die Arbeit der Inneren Mission, in denen die Werke sich präsentieren konnten. Für die Jahresfeste suchte die Gräfin immer zahlreiche Referenten und fand diese in der Pfarrerschaft, die gerne nach Treffen kam, im Schloss wohnte und an den Vormittagen, Nachmittagen und Abenden für Vorträge und Evangelisationen zur Verfügung standen. Diese Pfarrerschaft lernte sich bei den Jahresfesten kennen, bildete eine Gemeinschaft, und so ist es nicht verwunderlich, dass 1923 durch einen Kuratoriumsbeschluss der Stiftung eine, für diese Pfarrer vorgesehene, eigene Konferenz in Treffen ins Leben gerufen wurde. Nun trafen sich die Pfarrer jedes Jahr zu einer Rüstwoche und kamen auch zum Jahresfest. Aus diesen Pfarrerrüstwochen entstand die Pfarrer-Gebetsbruderschaft von Österreich, zu der heute 53 Pfarrer gehören. Die Entwicklung nach dem Zweiten Weltkrieg war besonders intensiv durch Männer wie Pfarrer Schnepel, Otto Rothenberg, Otto Michel und andere, auf die sich die österreichischen Pfarrer sehr freuten. Zum Stil dieser Rüstwochen gehörte die Teilnahme der ganzen Pfarrfamilie, also der Pfarrer, Pfarrfrauen und der Kinder, auf die in der Programmgestaltung eigens eingegangen wurde.

Die letzten Worte der Gräfin waren: »Der Herr wird's machen«, und man muss im Rückblick dankbar bekennen: So ist es geschehen.

Die Jahresfeste finden heute nur noch am 15. August statt. Die Glaubenskonferenzen hat der Christliche Missionsverein übernommen. Die Jahresfeste haben aber von der alten Herzlichkeit und an Größe nichts eingebüßt. Es wird am Anfang ein Gottesdienst gehalten, über Mittag werden alle Gäste – es sind derzeit etwa 600 – wie zur Zeit der Gräfin zum Essen eingeladen, und am Nachmittag gibt es ein eigenes Programm. Bei diesem Fest treffen sich auch die geistlichen Kinder, die aus dem Werk der Gräfin de La Tour hervorgegangen sind: der Christliche Missionsverein, das Blaue Kreuz, der Samariterverein in Triest und der Freundeskreis der Stiftung der Gräfin Elvine de La Tour.

Zeitlicher Wegweiser zum Leben und Werk der Gräfin Elvine de La Tour

1781   Kaiser Joseph II. erlässt das Toleranzpatent, wonach es möglich wird, evangelische Gemeinden zu gründen, wenn sich 100 Familien (oder 500 Personen) zum evangelischen Glauben bekennen.

1841   8. Dezember, Elvine Ritter geboren.

1861   das Protestantengesetz gewährt gesetzliche Gleichberichtigung der Konfessionen.

1865   der älteste Bruder Elvines stirbt.

1868   15.2.: Eheschließung – Elvine Ritter mit dem Grafen Theodor de La Tour in Görz.

1873   die Gräfin Elvine de La Tour beginnt im Schloss Russiz verwahrloste Mädchen zu sammeln und zu betreuen.

1875   evangelische Schule in Russiz gegründet.

1878   der Vater der Gräfin stirbt. Ausbau und Erweiterung des Mädchenheims und der Schule. Berufung von verantwortlichen Mitarbeitern.

1885   Erwerb des Schlossgutes Treffen, Kärnten, durch den Grafen; die Gräfin beginnt Kinder aus Treffen und Umgebung zu »Sonntagsschulen« zu sammeln.

1891   Eröffnung einer evangelischen Privatvolksschule in einem Nebenbau des Schlosses.

1894   Beginn des Neubaues zu einem Schulhaus in der Nähe des Schlosses. Der Graf stirbt.

1895   Eröffnung und Einweihung der Schule, die 1903 das Öffentlichkeitsrecht durch die Behörde erhält. Beginn der Evangelisationsarbeit in Kärnten, Berufung des Evangelisten Galsterer.

1898   Errichtung und Einweihung eines Betsaales in Russiz. Errichtung eines Mausoleums in Russiz für den Leichnam des Grafen, der bis dahin im Familiengrab Ritter beigesetzt war. Erstes Treffener Jahresfest (in der Lindenallee beim Schloss).

um 1900   Erwerb (durch Gütertausch) der Tarmanhube und Umgestaltung zu einer Missions- und Diakoniestation, genannt »Vereinshaus«.

1902 Kinderhort errichtet.
1904 Kranken- und Pflegestation, Berufung einer Pflege-
schwester aus dem Mutterhaus Vandsburg. Wohnungen
für Evangelisten.
1905/1906 Kleinkinderheim
1910 Um- und Ausbau einer Scheune zum Betsaal.
1911 13.8. Einweihung des Betsaales verbunden mit
einer Glaubenskonferenz.

1902 Ankauf des Krainerhofes, Ausbau zu einem Heim für
»Einleger«.

1903 der Krainerhof, umbenannt in »Herrnhilf«, nimmt aber
unversorgte Buben auf und wird später zur Gänze ein
Heim für Buben.

1905 Erwerb des Printschlerhofes (neben »Herrnhilf« gelegen), um darin eine Krankenstation einzurichten. Der
Plan zerschlägt sich. Das Haus, nun »Elim« genannt,
nimmt eine zweite Bubenfamilie auf.

1908 Gründung eines »Hospizes« verbunden mit einer Stadtmissionsarbeit in Triest.

1911 Die Gräfin sammelt anlässlich des Jahresfestes ein Komi-
tee für die Missions- und Diakoniearbeiten im Raum
treffen.

1912-1913 Die Evangelisationsarbeit geht durch innere Krisen und
äußere Anfechtungen; es erfolgt eine Abklärung der
anstehenden Probleme.

1912 Gründung eines Blaukreuzvereins für Kärnten.

1915 Mai: bei Kriegsausbruch mit Italien eilt die Gräfin nach
Russiz. Während die Mädchen des dortigen Heimes nach
Treffen flüchten, verbleibt die Gräfin in Russiz, wird aber
vertrieben. Sie hält sich im Raum des Küstenlandes auf,
kann mit ihren Begleitern im Oktober 1915 nach der
Schweiz ausreisen, kommt im Dezember nach Stuttgart
und wird krank. Rückkehr Ende Januar 1916 nach Treffen.

1915 Das Jahresfest 1915 ist das erste ohne Gräfin.

1916 Frühjahr: letzte Schwierigkeiten mit der kath. Kirche.
16.9. letzter Besuch der Gräfin in Herrnhilf.
3.10. Besuch ihres Seelsorgers, des Senior Schwarz bei
der Gräfin.
7.10. Die Gräfin stirbt.
29.10. Beisetzung des Sarkophages in einer Gruft im
Schloss Treffen.